新潮文庫

文学の淵を渡る

大江健三郎
古井由吉
著

新潮社版

10838

目次

明快にして難解な言葉　7
百年の短篇小説を読む　63
詩を読む、時を眺める　135
言葉の宙に迷い、カオスを渡る　183
文学の伝承　223
漱石100年後の小説家　257

文学の淵を渡る

明快にして難解な言葉

明快な難解さ

古井　私は内向の世代の一人といわれていますが、内向の世代というのは七〇年ごろ出てきた一群の作家たちで、当時、「難解」という非難を向けられた。はっきりいえば、特に私に向けられていたと思います。私自身としては、自分が抱え込んだものの中から、できる限り明快に、律義《りちぎ》なぐらいに書いているつもりで、難解という非難をこうむるのは、未熟のせいもあるけれども、不本意であったわけです。

ところが、長いことたっていろいろ考えてみるに、ちょうど外国で先行したヌーボーロマン、アンチロマンに照らされて、言語の解体から新しい言語の現実を生み出す、そういう気運があり、新しく出てきた作家にそれを期待する気持もあったのだと思うのです。言語を解体させて、しかも新しい生命を吹き込む。その期待がどうも満たされなかったので、そのふんまんが「難解」という非難になって出たのじゃないか。明快ということも、できる限りそのように努めてきたのですけれども、やはり難解さを踏んでここまで来たように思います。

今は、言語の解体という境地までどれほど至っているのか、次にどういうものを打ち出せるかということに関して、反省も感慨もしきりで、大江さんにお手伝い願って、いろいろ想念を引き出させていただければありがたいと思います。

大江　『仮往生伝試文』や『楽天記』にくらべればやさしいといっていいかもしれない、郊外に住んでいる若い夫婦のことを連作でお書きになった『夜の香り』が、これまた秀《すぐ》れたものだった。それらの総体として、古井さんの作品は明快で難解だというふうに僕は思います。

文学は言葉で書かれる。僕たちは、言葉のかたまりに向かっていく。その道筋が難解でも、ついに明快に、確実に、ある言葉にたどり着くことができれば、愉快な気がする。

明快な言葉がどうして難解になるかというと、言葉がその人自身の形を持っているからだと思います。逆に、難解でないものは、しばしば説明的で、形がない。説明的と明快さは違います。むしろ「明快」な言葉の反対に「説明的」な言葉があります。説明しようとする言葉、フランス語ならディスクール、英語ならディスコースというものがつくられて、読者と著者の間に共有されるとき、難解さはなくなる。しかし、形ある言葉は消えてしまう。明快な言葉がなくなってしまう。

言語の解体がいわれたとき、それは、ある時代の文学がつくり出した読者と作者との間のディスクールを打ち壊して、別のものをつくろうということであったと思う。一方で、もともと説明しようと思わない人間が書いているものについて、言語の解体といわれても、それは議論が触れ合うことにならないと思います。

さて、一番はっきりと形を持っている、明快でかつ難解な言葉はどこにあるかというと、やはり聖なるものではないでしょうか。そう感じていながら、僕は聖なるものについてよく知りませんが、明快なある形を持った言葉があって、人間のある一瞬の命のようなものとしてやってくる。あるいは一瞬の天光のきらめきのようなもので、それは二度とあらわれないし、ほかの言葉に置きかえることはできない。しかし、そういうものは確実にあって、それがある人々に共有されていることを感じることがある。井筒俊彦《いづつとしひこ》氏のイスラムについての本を読むと、そう思います。

井筒先生は、僕たちイスラムに関係のない人間に、イスラムで、ほかのものが存在しない絶対的な一からどのように多数ができ、現実世界ができたか、つまり神から我々の現実世界がでてきたかということを説明しようとする。そのはじめに示されるイスラムの神秘家の言葉は、実にしっかり形を持っていて、非常に難解です。一生かけても、それを自分のものにできないとわかるように思う。しかし、明快であることは明快なわけです。そこに向かってどのように入っていくか。それはどうも信仰じゃないかと思いますが、それなしでいる人間にも、井筒先生はずっと説明されている。イスラムの思想の一番根柢のところで、説明しがたいものを説明している人のことを、また説明していらっしゃるのだけれども、それは明快な難解さです。

このところ、古井さんの小説でとくに明快な難解さが表に出てきた。『楽天記』は、それを何度も何度も予行演習しておいて、最後に読者をそこに到達させるように書かれているのじゃないかと思います。

その点、僕の小説は説明しようとしているところがあると思います。僕のポジションは、基本的に、地の文章には説明的な明快さを取り入れて何とかしようとしているということです。その中で、幾つかほかの言葉に置きかえがたい明快さの難解な言葉を示したいと思っていますけれども、それは小説の一部分で、エクスタシーの部分とでもいいますかね。ところが、古井さんの場合は、すべてそれでいこうとしているところがあるのじゃないか。それは非常に実のある難解さで、そういうことを感じ取っている若い読者はいる。例えば高橋源一郎さんがあなたのことを書いている文章を見ると、この人は深く感じ取っていると思います。

昨年、機会があって、フランスであなたの小説を翻訳した本を読んだのです。二つの小説が含まれていたわけですが、おもしろいことに、翻訳の質にいくらかばらつきがあって、『杳子《ようこ》』はじつにいい。まず難解だけれども、形を持った日本語をどんどん解体して、意味を全部フランス語に移してしまう。そうすると、すっかり違ったものになります。例えばダンテの『神曲』は、シングルトンという信頼できる学者が散文訳していますが、あきらかに別のものです。さて、違ったものに今度は文体をあたえる目的でフランス語として再構成していく。そうすると不思議なことに、明快である難解さ、ある形というものが出てくる。古井さんがフランス人だったらこういうふうに書いただろうなという感じのところすらありました。

古井 私が小説家になる前にやっていたこと、つまり翻訳を、今私の小説に関して人がやってくれる。私の訳したムージルについても、いまだにドイツ人がこんなものよく訳したなというんです。ドイツ人ですら明快な理解の形式へ持っていけないものを、どうしてこれだけかけ離れた言語で訳せたかと。私自身、翻訳をやっている当時にそう思いました。

まず原文をニュートラルにする。ニュートラルにすると、おのずから解体が起こる。そのときに、ドイツ語の時間に即した解体もあるみたいですが、それを日本語にすぐ組み立てられるとはとても思えない。けれども、原文から離れてもいいから、解体した素材で日本語を組み立てていく。そのとき、僕が自由にできる日本語ではだめなんです。

自分のものでない日本語、古人たちの日本語をかなり援用して、何とか組み立てていく。似ても似つかぬものにしているのではないか、そういうおそれに途中ずっと責められて、終わったときもそういう気持でした。

ドイツ人がこれをまた直訳して読んだら、似ても似つかぬものと思うでしょうけれども、しかし訳し終えてもう一遍読むと、ムージルのスタイルになっている。そういう苦労をしたのち、僕はこちらの道に迷い込んできたわけです。

難解そのものが明快ということはない。けれども、明快そのものは難解である。そういう境地を目指してきてはいる。明快そのものは難解だ。それには当然後段があるわけで、それが大勢の人間と共通なものになるか、通底するか、その問題なんですね。

私という人間の形がプリズムとなって、明快かつ難解に光る。最後はそうなるのですけれども、私という個別が単なる個別に留まったら非常に苦しい。個別の中に類型が映ってくれれば、人と折り合える。

私も、かなり文脈を壊していくというか、飛躍した文脈をつくっていくたちだけれども、それが社会全体にある広い意味での文脈の中に位置してくれれば、いかに難解であっても人に受けとめられる。しかし、社会全体の文脈の中にあるのかどうか、これは書いていてなかなか判断がつかない。その都度やみくもにやってきました。

それで、大江さんと大分時差があるようだけれども、私もこの数年、説明ということに新鮮な興味を持ち出しました。説明というものも一つの創造に近いものではないか。適切な安定した説明ができる時代じゃない。社会全体の文脈もしっかりしているわけじゃないし、伝統も揺らいでいる。そこで、新たな気持で説明していくのは、一方で、明快そのものが難解の光を発するのと同じぐらい、ちょっと言葉は軽くなりますけれども、おもしろいことじゃないか。

僕も説明というものを随分断念してきたと思います。説明も自分なりの説明ですから、弁明やディスクールまでいかなかった。あるいは、僕などもこれから、説明の工夫をする過程で案外小説らしい形が出てくるのじゃないか。そんなことも思っています。

魂という楽器を鳴らす

大江 森有正さんがずっといっていられた「定義する」という言葉があります。実際に彼が定義について書いた文章を読むと、説明しようとしていられるんです。できるだけ正確にうまく説明する。

これは健常な方の子供ですが、かれが小さいころに、自分の欲しいものについて、名前を知らなくて、僕に説明しようとする。小さな器械だったりする場合もあるし、動物だったりすることもある。そのうち、非常にうまい絵描きが一筆で描いたデッサンのような感じで、うまい説明をすることがあった。

定義としての説明は確かに文学の一つの形で、キリスト教にしても、イスラムのものを読んでも、説明しがたいものをどのように説明するかということに努力が払われている。しかしそれは、本当にわかる人々には要らないことだろう。聖書や『コーラン』が、たとえ話を随分するでしょう。あれはだれのためにしているのだろうと思います。

古井 直弟子たちには、おまえたちのために説明しているのではない。一般にたいして、わかる者にはわかるように、わからない者にはわからないように、説明しているんだということですね。

大江 そのように本当にわかる者がいて、かれらは共有しあっている。最後は、言葉なしで共感し合うというか、一種のエピファニー（顕現）があって、それで理解されるけれども、それと別のところで、じつに熱心に説明されている。とくにイエスは説明することが非常にうまくて、たとえ話がうまい。そういうことと文学とはどうも関係があるということが一つ。

もう一つ、社会の文脈ということがおもしろいと思いました。言語学的にいうと、僕たちが話す言葉が通用するのは、社会にあるラングが共有されていて、ラングの海のようなものがあるから、僕たちの言語作用がちゃんと理解されるわけです。けれども、百科事典や大きい字引が社会の根柢にあって、誰もがそこに立っているというふうに、ラングをニュートラルに考えるのは、間違っているだろうと思うんです。僕たちはある限られたラングに立って話し、書いているのじゃないか。ある限られたラングというのは、社会のある特定の層に確実にあるものです。地面の中を掘ると、例えば鉄の層があったり、銅の層がある。そのように狭いけれども確実な層のラングで、文学は書かれている。それが、あなたがおっしゃった「文脈」ということになるのじゃないか。

それは個人的なもので、しかも、そこに普遍が顔を出すようなものである。文学はそれに根ざしてつくられていると思いますね。

僕は伊東静雄《いとうしずお》という人の『鶯《うぐいす》』という詩をずっと昔から暗記してきたのに、間違って理解していたことを、数年前、杉本秀太郎さんの本を読んでいて理解したことがありました。

人間の魂の中には自発するものはなくて、外側にあるものがそこで楽器を鳴らすようにした音を魂が記憶する、それが人間における表現というものだということを伊東静雄が書く。ところが僕は、そうじゃなくて、個の魂はなく、共通の魂というものがある、と考えていた。

それがずっとこのところの宿題だったんですが、今度自分の息子の音楽のＣＤをつくって、演奏会を開くというので、息子の音楽を毎日聞いていると、どうも普遍的なものがあって、息子の魂という楽器をひたすら鳴らしているという感じが強くする。あわせてこちらはその音を聞くことができるし、それに深く共感することもできる、と納得したのです。

そういうことを一般的に広げていけば、個と普遍との関係がくっきりするかもしれない。文学も、自分の中に自発するものというよりは、自分に訪れたものが鳴らした言葉を記憶して文章に書いた、ということにすればいいだろうと思うんです。

古井 作家が器としてパッシーブになる、楽器になる。これも、僕らがしきりにこがれる境地ですね。パッシーブというのは、パッション（受難）に通じるわけです。しかし、それはなかなかきつい し危ない。それを耐え忍ぶにしても、自分が器としてよこしまなところはないかという反省もあるわけです。きれいに受けて鳴り響かせたかもしれないが、歪《ゆが》んだ、よこしまな音楽を再現してもいるのじゃないかと。

それでも、器ということに関しては、文学は性善説じゃないでしょうか。よこしまじゃないかという猜疑《さいぎ》にこだわる限りは、どこかで文学をやめなきゃなりませんね。

大江 よこしまな言論というものはありますが、よこしまな小説というのは僕は余り知らない。

古井 そうですね。深夜に一人で酒を飲んでいるとき、なるべくよこしまな器になっておこうと思って、いろいろ悪い音を響かせていますけれども（笑）。

大江 それは悪意みたいなものかもしれないな。僕が学生の頃にはじめて酔っ払って、自分の中に発見したのは悪意でしたね。自分は悪意だけを頼りに世界に立ち向かおうとしている人間かと思いましたよ。それはそれとして、文学の場合は、セリーヌみたいな性格の人ですらも、悪意で小説を書くということはないと思うな。

ただ、あなたの小説を読むと、人間はよこしまな器じゃないかと疑う、不安に感じることがある。『楽天記』の中で、旧約の言葉をヘブライ語で思い出しますね。

古井　「マーゴール・ミッサービーブ（周りに恐怖あり）」。

大江　次第にあのヘブライ語が本当の音を響かせる瞬間がある。小説の最後に来ると、あの音は完全に聞き取られているという気持を持つ。それも人間的な意味の深みにおいて。よこしまなものから本当の文学に至ってゆく過程をうまく表現されていたと思います。

古井　よこしまであるから、やがては汝《なんじ》の周りがすべて恐怖になるだろう。汝の知人、友人にとって恐怖であるのみならず、汝が汝自身にとって恐怖になるだろう。これは呪《のろ》いなんです。

呪いの言葉は、呪いで終わる場合もあるけれども、本来最後に救いを想定する呪いならば、それが相手の認識を促して、最後に認識になごませるものが含まれているはずです。周りは恐怖だという事態を本当に想像すると、大江さんの言葉を使えば、恐怖に取り囲まれたときの一つの祈りを含む言葉じゃないか。そんな感じまでようやく至った。

とにかく自分としては馴《な》れない想像だけれども、ああいう言葉を投げつけられたらどういう気持になるか、そこから始まったんです。

大江　せんだって上智大学で門脇佳吉《かどわきかきち》という学者の神父様に招《よ》んでいただいて討論したときに、先生は聖書の同じところに即して語られました。例えば「娼婦《しょうふ》と結婚する」という言葉がありますでしょう。僕たちキリスト教の外側の人間は、「娼婦と結婚する」という言葉を見ると、まあ比喩《ひゆ》として考えます。ところが、門脇神父のようなキリスト教の専門家は、それをそのとおりに読み取られるんですね。

本当に娼婦をやっていた人物がいて、その人と結婚するというのはどのようなものであるか、具体的にどのような不都合が生じ、どのような恐怖があり、どのような喜び、魅惑があるか。しかも砂漠の中で。すべて具体的にとらえていられるわけですね。

古井　信仰がある人は当然そう読むでしょうね。最初から比喩としてつかまえると、それなりの意味の深さへしかいかないんですよ。自分の常識にさからっても、神殿にいる娼婦をめとって、子供をなす、そういう現実の方へ想像を持っていかないと、読んでいて追い詰められない。比喩としてとってしまうと、エホバの弾劾《だんがい》がいかに激しくても、こたえない。しかし、仮にしても、娼婦をめとった立場で読むと、いっていることが一々こたえてくるんです。

大江　僕はオペラが好きなものですから、マリア・カラスの『メディア』からさかのぼって、ギリシャ悲劇の『メディア』も読む。そうすると、呪いが、呪われた人にとってどんなに親しく重要なものかという瞬間もあることを感じます。

古井　そうですね。

大江　それはパシオンということでもあるかもしれませんけれども、呪いによって人が滅びてしまう。例えばお前は海に沈んでしまうだろうといわれて、海に沈んでしまっても、あらためてそこから浮かび上がってくるということが、それこそ和解というか、認識、啓示というか、そういうものとしてある。どうもそれだけ大きい認識、大きい啓示に、呪われる側から加担する人物も大きい人物だという感じが僕はするんです。

古井　呪われているというのは、見捨てられていないしるしだそうですね。カフカの小説は、呪われているのか、見捨てられているのか、その境目の孤独のように僕には読めるときもありますね。だけど、あの明快さは、呪われているという確信の明快さでしょうね。それがあの小説の骨である。時々ただ見捨てられているんじゃないかという荒涼さが出ますけれども。

小説を書くことの罪

大江　『楽天記』を読んで短い批評を書きながら、そのときに触れられなかったところで、心に残っている部分が幾つもあります。

一つは、「夢のように太い馬」の輓曳《ばんえい》という競馬を北海道に見に行く章。あの章は重要だと思います。この小説の中で結局は実現されなかったあるプログラム、思想書に近いプログラムがそこに顔を出しているという感じがあります。

読み終わると、それが小説全体の豊かさということになりますけれども、人が目の前に光る石を置いて、というのではなくて、そこに大きい鉱床みたいな埋没しているものの塊があって、その上のところをどうしても手で掘って見ておかざるを得ない、という感じで小説を書いていられると思うんです。そのようにして、進行していきます。それは明快にそこに実在しますが、難解ではありますね。

古井　それに感情表現をできるだけ構造性へ煮詰めてインプットするのだけれども、果たして作品の中で、そのインプットされたものが鳴り響いてくるかどうかわからないというやり方でやっているので、余計に難解になりますね。私にとっても難解になってしまう。

大江　この間、南アフリカの女流作家、ナディン・ゴーディマの短篇選集を読みました。

ペンギンブック版ですが、彼女はその序文で、小説家は失敗した作品、中絶した作品、書いたけれどもどうもうまくいっていないような作品をふくめて生涯に様ざまに書くという。その中に、今いわれたインプットされたものが荒野の石のように累々《るいるい》と横たわっている。そしてそれらのインプットされたものすべてが、死ぬ前にその作者において完結するのではないだろうか、という意味のことをいっています。楽観的な、幸福な考え方ですけれども、僕は自分でもちょっと呆然《ぼうぜん》としたほどその考えに引きつけられました。

小説を書いて他人に読んでもらっている。しかし、死ぬ前くらいはすべて自分のためにやりたい。そのようにすると、自分が小説を一生ずっと書いてきたことに意味が生じて、それをだれにも明かすことなく死んでいくということになるのではないか。現にもう死のうとしているのですから、明かすことはできない。

それは気が違っている状態かもしれないけれども、おそらくやりがいがある状態で、自分が今までインプットしたすべての難解さをいちいち明快なものとして自分の中で受けとめて死ぬ、そういうことをナディン・ゴーディマはあらかじめ感じ取っているのではないだろうかと思いました。

古井　あるいは、こんなふうにも夢を見ることがあります。

いよいよ最期《さいご》のとき、私自身の中に私の力でよみがえるのではなくて、私が作品の中で書いた虚構の人物が、その間にどういういきさつをとるか知らないけれども、私の難解なものをうまく再現してくれて、その旋律が流れるのを私が聞きながら死ぬ。そのために、いろいろな人物を不十分ながら作品の中につくるのですから。

僕が虚構したものながらいささか超越的な人物が作品も超えて生きながらえ、莫迦《ばか》がつくった結び目だけれども、ちょっとほどいて、死ぬ前のあいつに見せてやろうかということをおのずからやってくれるといいと思う。

大江　僕は子供のとき、人間は本当に罪を犯すのだろうかという単純なことをずっと考えることがありました。何年かごとに心配がつのって、自分は修道院か何かに入った方がいいのではないかということを考えたりもしたのです。

例えば、罪人のことが書いてある本を読むと、これだけの罪で本当に罪人なのだろうかと思う。人間はもっと恐ろしい罪を犯すのではないか。その気持と矛盾するようですが、人間はどのように複雑に、どのように長く生きて、こういう罪を犯すことができるのだろうかということを思ったものです。

君たち、注意しないと罪を犯すぞといわれたりすると、罪を犯さない方がやさしいのではないかなと思ったりして、探偵小説は、罪を犯す人間のことを知りたいと思って読んだ。

ところが、小説を三十年も書いていると、そういう形で、自分が罪の中に入り込んでいるという気持があります。自分も小説を書くことにおいてすでに罪を犯している。だれに対して罪を犯しているかというと、自分自身に対してかもしれない。そのようにして自分が小説において犯している罪のことを考えると、その書き手として生きてきたという気持はあるんです。

同じことを他の作家の新しい小説を読みながら感じたのは、古井さんの『仮往生伝試文』。とくに最後のところに僕は引きつけられた。川崎かどこかの具体的な空襲のシーンがあって、最後のページをめくると、暗い川のようなところに向こうむきに人々がいる。その後ろ姿があって、声をかけあったりしている。来迎図《らいごうず》の逆みたいな感じの、つまり、暗闇《くらやみ》で悪《あ》しきものがやって来るのを見ている来迎図。ああいう人々のことを、自分も小説の中で書いてきた。ああいう人物を一人一人つくってきたという気持を持つことがあって、かならずしも罪という言葉は妥当でないけれども、それがともかくも自分の職業に充実感を感じるひとつです。

古井　僕は罪に関してはこんなイメージを持っています。人は何をやっても、やった後からその行為が黒々とした罪になる。だけど、いつもその黒々としたものから、無垢《むく》のごとく抜け出てくる、その連続だと思うんです。これもまた罪なのかもしれないが、とにかく、人はそうやってその都度救われて生きていると思うんです。

ところが、文学者、詩人、小説家は、その罪から常に無垢になって抜け出てくるという人生の反復に異議を唱えるわけではないけれども、少なくともその仔細《しさい》を書きとめようとする。すると、書くことによって罪が固定する。無垢になって抜け出てくるようなところはめったに書けるものじゃないから、負債ばかりやたらにふやす生涯をしていることになる。これを最後に何とか清算したいという気持で常にやっているわけです。

それはできなくてもいいとは思いますが、ただ、そうして見ると、小説家が最終的に狙《ねら》っているのは、いつぞや大江さんの短篇集について書かせていただいたときに、「聖譚《せいたん》」という言葉を使って、あるいはご迷惑になるのかなとも思ったのですが、「聖譚」がどこから根差してくるかその源、あるいは、聖譚を既に踏まえて、一種の奇跡の起こるいきさつか、でなければせめてその結末だけでも書こうとする小説ではないか。

これは作家の意志の問題ではなくて、小説を書くことに常に内在している。小説というのは、どんなに暗澹《あんたん》とした解決不能なことを書いても、おのずから形が聖譚に寄っていくという楽天的なものを内在させていると思う。今の世の作家として、これを早めに引き受けると非常にみっともないことになる。ぎりぎりのタイミングで引き受けるかどうか。

実際にそんな料簡《りょうけん》がなくて、およそ正反対の感情で小説を書いていても、書き込んでくると、どこか聖譚めいたものに収斂《しゅうれん》してくる。大江さん、近ごろそうお感じになりませんか。

大江　自分自身についていうよりも、本当にそのとおりの小説を書いている人を見てきたと思います。

この前、ミシェル・トゥルニエと会いました。僕は日本語で話し、彼はフランス語で話す。あるいは、僕がフランス語で話そうとし、彼がそれを理解しようとする。あるいは、お互いに英語で話すということで、表面的なことしか話していないんですが、しかし、彼の小説を読むと、今いわれたとおりのことを昔からやろうとしている人だと思いますね。

最近のインタビューを読むと、自分は五年間ぐらい調査して小説を書くという。世界中旅行して調査する。例えば『メテオール（気象）』という小説のためには日本にも行ったという。それは、実際に小説を読むとそんな不必要なことを何のためにしたんですかといいたいくらいの部分です。

しかし、彼があなたのいわれる聖譚を書いているのだとすると、五年間調査していろいろ細部をつくり上げて、ということはよくわかると思います。短い道をとってパッと行くことはできない。自分の中だけで短絡するように小説を書くことはできない。その回り道をどのようにつくるか、結び目をどのようにつくるかということを、ミシエル・トゥルニエは方法をつくってやってきたと思いますね。僕自身もそうしたいと思います。

ところが、小説の中で、今いわれたような結び目をつくっていく、ということを考えながら、一方で説明している。それらはどうも反対の方向にあると思う。そういうところに小説を書くことの矛盾がある。それが手がかりにもなるわけですけれどもね。

結び目と黒い塊

古井 説明するというのは、普通結び目をほどくことと解釈されるけれども、結び目をつくることでもあるわけですね。

大江 あなたの書き方は、確かに結び目をつくることによってなされている。いつまでもいつまでも結び目をつくってゆく。

僕は文芸時評で、古井さんの小説の締めくくりの部分を、僕だったらこう書くだろうと実例を示してみたことがあるのですが、あれはつまり僕として説明してみたんです。古井さんは結び目のつながりのあとにもう一つ結び目をつくって、最後の結び目は解けないままだけれども、最後から二番目の結び目の意味ははっきりとわかるように小説を終わっていられる。

古井 結び目をつくってほどきがたいというときに、そのほどきがたいということが何を要請するか。それを小説の中であくまでも表現すべきか、小説の表現としてはもうその結び目でとどめて、物としての作品が何を要請するか、それを読者に委《ゆだ》ねるかという態度のとり方がありますね。

大江　それは大切な態度だけれども、そういうことが成功している小説はまれですね。一般に広く受け入れられる小説は、すべての結び目を最後にほどいてみせるんじゃないかな。それで大きい読者を得ているのではないか。トルストイがそうだし、ドストエフスキーもフォークナーもそうです。ところが、よくよく見てみると、かれらにも解けていない結び目のある場合がある。そうでありながら、多くの読者に支持されている作家を、つまりは大作家というのではないかと僕は思いますね。

今度トルストイやドストエフスキーの作品をふくめて読みとく文学講座をテレビでやることになって、自分で扱うものをもう一度全部読んでみました。その上で例えばドストエフスキーの一つの作品について説明するということをやっているわけですけれども、そうしながら、どうしていいかわからない、手詰まりでこういうものは説明できないというところに陥ってしまうことが何度もありました。トルストイでもフォークナーでもそうでした。

その経験から、本当の文学の伝達には、ああいう説明しがたいものを、結び目のままでも、ちゃんと伝達しなきゃいけないのだろうと思いました。そのようにして自分が話しえたことは、それを通じて視聴者が自分の結び目を発見してくだされればいい、というほかないことで終わりました。

古井　嘉村礒多《かむらいそた》の小説は結び目だらけで、説明をしようとはするのだけれども、途中ですぐ断念して、それがまた結び目になる。結んで結んで解放されないまま終わる。解放されていないままに、それがおのずから何かを要請するんですね。それは常識的に考えると、仏教系の煩悩即菩提《ぼんのうそくぼだい》とか悪人正機とか、ああいう方向だろうけれども、もしもこれを外国人に読ませると、案外死してよみがえるという要請じゃないか、そんな感じもするんです。

大江　嘉村礒多は、自分の書くものに意味はないと主張し続けるけれども、僕はそういうことはないだろうと思います。嘉村のように、自分の奥さんの問題についても、自分自身の問題についても、真っ暗なところにぶつかっていって、出口なしということを証明して小説が終わるという小説は、大きい塊をつきつけている点で、やはりすぐれたものです。

葛西善蔵《かさいぜんぞう》にしても、おせいという娘さんにからんで殴ったりする……。

古井　『酔狂者の独白』では逆に男が縛られたり。

大江　自分にはどうしても始末し得ないし、相手からも理解されない黒い塊のようなものを横に置いて、それをタネにからんだり、殴ったりしながら小説を進めていく。

あれは書き方としてじつに高度な小説だと思いますね。

　ああいうわけのわからない異様な塊を現出させるというのは、小説の一つの大きい効用かもしれません。

古井　そうですね。私小説といった場合、私にとっては志賀直哉《しがなおや》よりも、葛西善蔵、嘉村礒多、牧野信一に代表されるようなものです。あの小説を私の中にインプットして再生すると、どこかで聖譚がかってくる。何か最後に彼らの宗教性が出てくるような気配なんです。しょせん読み取れないのですけれども、あの塊がおのずから要請する何かがある。僕はその要請のプロセスまで書いてみたいという気がするんです。

大江　それは大きくて深い作品になると思うな。僕は、シベリアの民衆のことをギンズブルグが書いた『明るい夜 暗い昼』という自伝を読むと、それと同じことを感じますね。

　信仰のために村全体でシベリアに送られて暮らしているある宗教の信徒のグループが出てくるのです。その信徒たちは夜中にごそごそと移動したり、帰ってきたり、寒いところで水の中に入って洗礼したりしている。それをこちらでやはり追放されたインテリの女性が見ている。

　最後にはその人たちは殺されてしまったのか、移動させられたのか、いなくなってしまうんですが、スターリン時代にその宗教を持っているためにシベリアに送られて、集団で移動したり働いたりしている塊というのはすごいですよ。ドストエフスキーやフォークナーも、ああいう塊を書いているのじゃないか、自分もああいうものをしっかり書くことができれば、という気持を持っています。

そのためには、説明的な文章は役に立たない。最初にいった暗い明快さというか、難解な明快さというところに行く必要があるのを感じています。

死者を含む「私」

大江　さて、古井さんがおっしゃった志賀直哉のイメージと違う私小説ということに、僕は賛成です。文学史で狭く限られた時期の、ある少数の人たちが持っている私小説というイメージが固定しているわけですから。

古井　そうです。

大江　そういう個別的な、偶然的なようなものとしての私小説のあるタイプがふりかざされすぎているんですが、同時に、普遍的なものとしての私小説がありますが、僕は小説を「私は」と書き始めるたび、どうもそう書くことに小説の原型があるという気持を持つことがあります。それは、ロシアのイコンがマリア様とキリストとか大体同じ構造で描いてあるのと同じで、あのイコンの描き方のように定まりきった書法にどうも芸術の原理があるんじゃないだろうかと僕は思うことがあります。

古井　創造、オリジナルはあり得ないというわけですね。

大江　ええ。最初の原型としてすら。しかも、そこに創造もオリジナルもある。

古井　イコンをつくっている僧侶《そうりょ》たちは今までも、私は芸術家じゃない、あくまでもかつてあるとおりの寸法に従って再現しているだけにすぎない、何一つつけ加えてないというそうですね。しかし、小説の「私」という人称には、そのようなストイシズムへの志向がありますね。

大江　そして、「私」と書くときのあの異様なリアリティは、ほかにかえがたいところがありますね。

古井　個別を超えようという運動の感触がありますね。

大江　僕もそういう気持を持っています。

古井　もう一つ、「私」というとき、「私」の多くの部分が死者なんです。個別の「私」にはわからないはずの感覚、感性、認識を書いている。

例えば一日の天気のことを考えても、よほど表を歩いて天候の変化をつぶさに観察した場合ならともかく、いや、その場合でも、表現として「私」が完全に個別だったら見えないはずのことを書いている。多くの死者たちが体験していろいろ残した言葉や情念を動員しているわけです。特に風景描写とか天気のことを書くと、「私」が相当に死者を含んでいるという感じがするわけです。

しかし一方では、『旧約聖書』の『エレミヤ書』を読みますと、弾劾として、お前たち偽《にせ》の預言者は死者と通じた、死者に救いを求めたとある。これはエジプトの信仰についたことをいっている。外交を結ぶというのは、祭祀《さいし》の交換でもあり、よその宗教をある程度受け入れることですから、エジプトと結んだという意味合いになりますけれども、読むと、こちらはちょっとひるむ。死者と通じた、それが非難として当たっていることもある。けれども、死者と通じなきゃ何ができるかという気持もある。「私」という人称の中におのずから含まれる死者というものをいろいろ考えてくると、自分には無縁の考え方かなと思っていたけれども、例のキリスト教の死してよみがえる、死んだから生きているんだ、生きるためには死ななければならないという考え方、これはキリスト教には限らないものだと思うのですが、物を書くというのはそのポイントで成り立っているのではないか。

特に非常に象徴力の強い短篇を目指す立場というのは、死んで生き返る状態を書こうとしている。宗教的にはどういう表現をとろうと、ひょっとして、これは古今東西一緒かもしれない。

大江　そのとおりだと思いますね。自分の小説でいえば、『新しい人よ眼ざめよ』では、今二十九歳の、障害のある息子がハイティーンくらいのころ、わけのわからないところをあらわすことがあった。僕にも妻にもどうしても理解できない、彼自身にも理解できない、それこそ黒い塊のようなもの、彼の中でもう死んでいるといってもいいような塊を持っていました。そのことを表現したいという野望があったわけです。

古井　大江さんの小説を読んで、それは感じました。

大江　そういっていただくと力づけられますね。それは一番通じにくいものですから。

もう一つは、ウィリアム・ブレイクのわからないところをやはり入れておきたい。いつか自分が書いておいた結び目を解くことができるかもしれないから、ということでした。

彼は『四つのゾア（ヴァーラ）』という預言詩《プロフェシー》、また『ジェルサレム』というやはり数百行の長い詩の中で、イエス・キリストを自分独自に描く。たとえば、アルビオン、これは本来ならイギリス、イギリス人ということでしょうが、ブレイクにとっては人間全体を表現する存在が暗闇に向こうむきに立っている。

やはり暗い木の上にキリストがいる。その木は「生命の木」といわれている。もっとも木のようにジェネレイト、繁殖するものはブレイクでは悪をあらわしていますから、非常に複雑でよく解けないような結び目に満ちている木です。そこでキリストが「恐れるな、アルビオンよ。私が死ななければお前は生きることができない。しかし、お前がよみがえるときには私とともにある」と異教的なことをいう。僕はそこを小説の最後のイメージにかさねました。

しかもそれを書いているとき、自分でこのくだりはよくわかっていなかった。そこに意味の塊があるとだけ思っていた。あなたの話を聞いていると、あそこの重要な意味が少しずつわかってくるように思う。自分が小説を書いてきたことに対する真の報酬があるとすれば、どうもそういう解くべきものを自分の小説で幾つか持っていることだろうと思います。

古井さんの『楽天記』は、そういう結び目に満ち満ちているんじゃないでしょうか。例えば死者たちがいるところで赤ん坊のにおいがするということも、小説の筋道として、これはこのような意味で赤ん坊のにおいがしているというふうに説明することは難しい。しかし、あれは重要で、あの赤ん坊のにおいそのものが、それこそ死んでよみがえる、あるいは、よみがえりの中にある死そのものであって、あなたの言葉でいえば聖譚というか、そういうところに到っていると思います。

死んで在る状態

古井 個人的な方から入りますと、表現者としての文学者は、自分がある種の言葉に対して非常に弱い。その言葉はだれでも知っているし、だれでも使いこなしているし、自分も日常使いこなしているのだけれども、さて、本当に深く突っこんでみると、その言葉を使いこなせない。そういう言葉にこだわってくると思います。

僕の場合、死んだという言葉なんです。英語の die ならば、他人のこととしてまだしもこなせるけれども、dead 死んでいる、これが僕にはなかなかこなせない。他人が死んでもういない、その辺まではこなせる。しかし当然、I am dead ということがあるはずなのです。僕らの中にあるはずの、死んでいるという状態、それをめぐるいろいろな言葉を、僕はどうしてもこなし切れない。

私は死んでいる、I am dead というのは、比喩ではない限りおかしな言葉ですね。しかし、死んでいるというのも生きていることの一つのはずなんです。自分は生者であると同時に死者である。要所要所の節目で人は死者になっているのではないか。それでこうして生きながらえている。

人が既に死んでいる、私が既に死んでいるという状態はどういうことだろうか。パウロを読むと、やがてお前は死んで神に救われるだろうといっているのではない。お前がキリストの犠牲と復活を信じたとき、罪や律法に対して既に死んでいるのだといっているんです。これはただの観念じゃないと思うんです。

社会的には、借金を無効にする徳政令のような考えを明らかに踏まえていると思います。身分的に奴隷階級の人が多かったと思いますから、それを解放するときに、現にある法律に対してお前たちは死んでいるのだという言い方は有効です。

もう一つ、罪人として、罪を免れられぬ肉体として、すでに死んでいるという意味があるはずです。小説というのは、どうもその再生のための死の状態をくぐるもの、あるいは、くぐりたがるものですが、その点での抵抗はあきらめた方がいいんじゃないか。そういうものだということで腹を据えた方がいいんじゃないかと近ごろ思っています。

大江　時々、死んでいる状態についてうまく表現しているものに触れることがあります。杉浦日向子《すぎうらひなこ》という漫画家がお化けのことを書かれるものの中に、きらっとひらめくように、死んでいる状態の他人とぱっと出会ってしまった状態、あるいは自分自身が死んでいる状態、そういうことがうまくとらえられている。文学史の中心の流れとは別の、江戸時代なら江戸時代の民話的な書きものの中にそのヒントがあるのだろうと思います。それをうまく生かしていられる。

高校生のときに頭のいい先輩と話していて、その人が、死を恐怖することは無意味だ。die（死ぬ）という動きがあって、その後には自分は存在しないのだから、存在しないものを憂《うれ》えてもしようがないし、死ぬという行為以前には生きているのだから、まだやってこない死を恐れてもしようがないということをいわれた。周りの友人たちはみんな感心したんですが、僕はそれは間違っているのではないか、死んでいるという状態があるのではないか、と思ったものでした。

追憶などというものじゃなしに、死んでいるという状態を自他ともについてうまく表現している詩があるという気持もあって、たとえば僕はダンテ・ガブリエル・ロセッティの詩が好きです。さらに死んでいるという状態を本当に生真面目《きまじめ》に、実際の問題としてとらえようとした思想家というと、アウグスティヌスだと思います。

彼の『告白』の回心する直前の有名なところで、自分はイエス・キリストの真の生命を本当には信じていなかった。だから私はそのとき死んでいたという意味の行があります。あれは人間が死んでいる状態を比喩的じゃなしに、本当に具体的によくわかるようにとらえて、その状態からのよみがえりということが信仰に入ることだとする。回心ということの本当に恐ろしい意味を表現している。そういうものが文学の中にもあるわけですね。

古井 ありますね。

大江 しかし、それを新しく書くことは難しい。なにより難しいのは死んでいる状態を書くことです。その点、『楽天記』の最初の方に、しばしば天候のことが出てくる。空を見上げたり、天候の行末を判断したりしている主人公の周りに、死んだ人がたくさんいるという感じが確かにありますね。ほかの人の目でそれを経験している。

古井 日本の小説の中で、どちらかというと私小説系で、主人公が自分のことも思えなくなる、ましてや他人のこととか風景のことなどは見るゆとりもない、そんな真っ暗なところまで自分を追い込んでがんじがらめにしておいてから、いきなり非常にいい風景描写が出てくることがある。僕はああいうのを読むと、これは死者の目じゃないかと思うんです。死んでいる人間の目に映る世界。そのときの死んでいるというのは、いよいよ生きまさっているという気がします。

大江　勢いの問題として、死が人間の燃え盛る生命をあらわす、という場合もありますね。具体的にいえば、梅崎春生《うめざきはるお》が死ぬ前に書いた『幻化』、あれは不思議な小説で、それこそ、葛西善蔵、嘉村礒多、牧野信一と延ばしてきた先に、晩年の梅崎春生があったかもしれないと僕は思います。

古井　風の吹く町のことを書いた梅崎さんの『風宴』という小説も、一日半か二日のことを書いているんですが、その中で主人公が何度でも死んでいるような感触を受けます。

大江　不可能なことを可能ならしめることが文章の一つの技術でしょうが、梅崎氏が、死んでいる状態のぼうぼう燃えるような力をどのように書いているかというと、一人の男がいて、自分はもう死ぬだろうと考えている。むしろ自分はもうほとんど死んでいると思っている。そのことを確かめるために飛行機に乗って九州に来たのですが、同じようなやつがいて、彼は火山のへりを歩いている。火口に飛び込もうかなと思っているにちがいない様子で、それも飛び込まないことは、むしろ自分がもう死んでいる状態を確認することにすぎない。そういうところまで追い詰められてしまっている人物がいる。こちらはただ見ている。

十円を入れると視野の明るくなる望遠鏡で火口を見ている。そこに自分のかわりにそいつがいるわけです。トランクを持って火山のへりを回っている。火口をのぞき込んで身ぶりをするので、ああ、飛び込むのかなと思うと、トランクに座り込む。それからまた歩き始める。そのうち、こちらの死んでいるはずの男が、歩け、しっかり歩け、と呼びかけたくなる。それも死んでいる人が死んでいる人を励ますような感じで。実に見事に書かれています。

もう一つ、武田泰淳《たけだたいじゅん》の『目まいのする散歩』も、同じく死んだような人間が散歩している光景が描かれていて、彼の経験する気候も描かれている。そこに梅崎春生のことも出てきます。『幻化』の最後に呼応するように。そこと泰淳さんの小説の最後をかさねて見ますと、ある侵しがたい重さ、威厳のようなものが浮かびあがります。

古井　梅崎さんのその小説は、墓場の近くの下宿で昼過ぎに目を覚まして、まだ学生の身分だからふらりと本郷の方に行って、友達の下宿で赤の他人の通夜《つや》につき合うことになる。それからまた飲んだくれて、まだ下宿に帰らないでまた一日を過ごすという小説なのです。

その要所要所で、短いながら印象的な風の吹く場面が挟まる。そのとき風の音を聞いていると、主人公がいない、死んでいると感じられるんです。ああいうところで、死んで在るという表現力を、日本の小説は随分物にしているんじゃないかという気がするんです。

大江 死んで在るといえば、ダンテの『神曲』には全篇死んで在る状態が書いてある。「地獄篇」では、数知れぬ者たちがそこに死んでいるということが書かれているわけですが、煉獄《れんごく》に行っても、あるいは天国に行ってすらも、死んでいることは死んでいるな。

コラムニストの手法

大江 小説はどこに行くのかということで考えてみると、僕はたいていいつもあなたのご専門のムージルに行きあたります。小説の行方を遠くまで見定める形で小説を書こうとすると、どうしても『特性のない男』のようなものを書くことになるのではないか。僕はドイツ語が読めないものですから、日本語ではもとより、英語訳、フランス語訳で読みました。どういう文体かを知りたかったので、いろいろな言葉で読んだのですが、その上で、これは非常に立派な文体で書かれているはずだと思う。

第一部の「平行運動」などという挿話は、本当に死んでいる者らが考えそうな社会運動で、つかみどころがなくて、どういう方向に行くかわからない。しかし、本当に存在感、実質感がある。そういう運動がよく描かれている。ああいう技術を持っていて、あれだけ見通しがあって、文体もあって、そして、「愛の千年王国」というところに行ってしまうと、しだいにノートみたいになったり、概要みたいになったりします。それが小説家の生涯の仕事として本当に凄《すご》い。

しかもノートのようなもの、概要のようなもの、断片のようなものの中にどうも全篇での最高の表現が見られるように思う。あれが一つの小説の行方だろうと感じます。小説をよくよく考えつめると、あのような形でしか書くことができなくなるということがありそうだ。

それから、さきの話題にかさねていえば、「愛の千年王国」ということは、つまり死んでいる人たちの愛の千年王国です。兄妹がいて、愛の中で千年ずっと死んでいることを夢見ているのだろう。

われわれは一般に、小説はどこへ行くかとか、文学の解体とか、言語の解体とかいう場合に、具体的にイメージを考えていないんじゃないか。そういうことをはっきり考えて、それを具体的に示している人間として、『特性のない男』のムージルがいるというべきだろうと思いますね。

古井　『特性のない男』という小説は、恐らくムージルが見ていた彼なりの究極の小説への準備だったと思います。

その究極の小説がどういうものかと想像するに、非常に聖譚に近い、ほとんど聖譚である短篇ではないか。短篇の形を『特性のない男』より前にいろいろ試みているんです。

大江　『三人の女』。

古井　あれをもっと諧謔《かいぎゃく》の氷の上に載せて凝縮して、最終的にきわめて短い、しかし、物語。物語るとは何かと言えば、これは『特性のない男』の中の言葉ですが、青空がいきなりひろがり、その光を受けて、道の真中で一頭の牝牛《めうし》が輝いた。これだけで何事かにならなくては物語ではない。何かが出てくると必ず物語になる。それを目指しているようですね。それが最後に断片となって進行中の形に、固定するわけですが。

大江　現に活動している作家が、さまざまな断片をたくさん書いて持っていて、それを強力な兵隊を集めた将軍のように見渡している状態はたのもしいだろうと思いますね。

今いわれた、究極の短篇をつくろうという準備作業のようなものとして『特性のない男』があったというのは、聞いていて本当にそうだろうと思いました。ムージルの初期の中篇はそれぞれおもしろいですが、ちょっと長過ぎるという気がする。

古井　そうですね。

大江　長過ぎるものをどう処理して本当の短篇にするかという研究、そして彼は非常に長いものを書いてみたわけでしょうか。特に「平行運動」のところは大きいものですけれども、読んでみると、その全体が一つのむだもない作品としてかちっと固まっていると思います。それから、次にはじまる妹との関係もそうで、ああいうものの向こうに本当に小説があるとすればすごいだろう。

古井　『特性のない男』の断片ではない方、完結した方は、短篇という要素のほかに、あの人はジャーナリストでもあって、コラムニストとしての何かがある。

一章ずつがコラムといったら、あんな長いものをと人は笑いますけれども、その都度その都度ある現実を凝縮させると、その現実が超現実に転ずるという、一種のコラム的な処理で超越的な小説ができはしないか、そういう欲求が明らかに見える。僕はこのたび人の翻訳を読んでそれを感じました。コラムニストとしての文章の処理の仕方、イメージの処理の仕方、コラムニストの手法を使って超えようとしているところがあると思うのです。

大江　それは僕が考えていることとかさなるかもしれない。

古井　兄妹が同じ家で再会するところになると、恐らくその手法は通用しなくなってくるので、そこから難しくなっているとは思いますけれども。

大江　「平行運動」という世界的なものから、今度は家族内の問題になりますからね。しかし、その中間の社会は確かにうまく描かれている。凶暴な殺人者を救おうと立ち上がっている女の人たちなど、まったく優秀なコラムニストが書いたような感じでくっきりとらえられていますしね。

ムージルは『特性のない男』を書いている際の日記か何かに、自分は大戦が終わって、行方がはっきりわからなくなって混迷してしまうドイツの青年のために小説を書くといっているでしょう。それこそ使命感のある優秀なコラムニストの態度ですね。

文学的なものに対する嫌悪《けんお》

大江　ところで古井さんは、コラムということをさらに小さく短くして、ある文章の塊というか、ある単語の続きぐあいという感じで小説を書こうとなさっているんじゃないですか。

古井　まだそんな明快なものじゃないですが、『暦物語』、カレンダーの短篇がありますね。あれも一種のコラムであり、短篇小説あるいは短篇小説的な説教でもある。日本でも『今昔物語』を考えると、小説の原型かもしれないですね。

そのときに、小説というのは、世俗のことによく通じた人間がなすもので、真の意味の通俗でなくてはならないという考え方が一方にある。逆に、小説というのは、聖に関する精神の混迷から出てくるもろもろのイメージではないか。それが時には俗を生かしてあらわすこともある。多様な源が多様に出るのを小説とするか、本来モノトニックな源から多様が出てくるのを小説とするか、二つの考え方があるようですね。私も非常に迷うんですが、両方あるだろうとしか言いようがない。

大江　僕はさきにいった門脇佳吉氏を経由して道元を読むようになったのですが、それこそ真理だけが説明なしで書いてあるところを、こういう書き方は小説の書き方と本質的に似ていると感じることがあります。小説家は具体的なものを書いて、それも言葉と言葉の関係の中で、かすかなひっかかりを頼りに大きいものに造形していくことに情熱を傾けている。道元の言葉の扱いは具体的な意味は運んでいない、抽象的な言葉によって抽象的な意味を運ぶのだけれども、同じようなものを書いていると思います。

文章でいいイメージができ上がったときの、すかっとした感じ、それこそ明快な難解さが達成されたという感じを、道元の、それもたとえ話みたいなところじゃなくて、一行の思想の言葉の中に感じ取ることがありますから。孤絶した自分の考えという伝達しにくいものをなんとか伝達しようとすると、そういうことになっていくのだろうと思いますね。

古井　仮にきわめて文学嫌いな論理家、あるいは思弁家がいるとする。この人にとってはあらゆる説明が通俗小説じゃないか。

というのは、説明というのはしばしば、物のわきまえをつけきれないと、そういう考えや現実に至ったプロセスに置きかえるわけです。プロセスというのは、おのずから一つの物語の構造を含みますね。プロセスの一つの節目、人が得心する得心点というのは、文学的な形象に似ているんじゃないかと思います。

大江　僕はテレビの科学番組が好きで、例えば金属の化合の電子顕微鏡によるフィルムを見ていますと、一万分の一秒とか、じつに凝縮されたところで、ある展開が行われる。それはもちろん物語とは全く関係ないですが、根本の一番のジョイントというか、転換点と重なっていると思います。

ムージルが一つの短篇をつくるために大きい長篇を書いたとすれば、同じく物語というあいまいな方法でいろいろ物語ってみる。例えば人生の七十年を全部物語るようにして小説をつくっていくわけですけれども、一番重要な点は、人生の五秒ぐらいのものかもしれない。そこをうまく表現できて、その上でそこ以外のところをどんどん切り離すことができれば、小説として徹底して成功するのだろうと思います。

そういうものを表現する態度、一瞬のある転換点と物語との関係というか、イスラムの神秘主義の側からそういうことを表現していられるのが井筒俊彦氏の本です。あらゆるものを含み込んで、判断もイメージも何もないゼロの状態から、やがては僕たちの全世界が流出してくる。英語でいえばエマネーションですね。

そのエマネートに到る前段階を区切って説明されている最初の方に、全く何もない神そのものである一つの状態が、何か力がみなぎりあふれて、個別的なものをふくむ状態に変わっていく、潮が満ちるような感じの状態のことを説明していられる。それはいかにも抽象的な形而上学《けいじじょうがく》的な問題ですが、読んでいると小説的な快感があるな。非常に難しいけれども、確実なものをとらえたという感じがします。

古井 科学者が最突端の認識を語るときに、これは極端に抽象的でニュートラルで、人間的な比喩《ひゆ》が通用しない論理的な空間のことだとよくよくわきまえて、よくよく言葉を選んで話しても、どうしても擬人的になる。ある種の物語風になって、自分で大層うんざりするそうです。

我々文学者も、そういう文学の生命にかなり嫌厭《けんえん》を持っていて、そういう嫌厭から出発する。もう少しよくいえば、それを抑えようという倫理から出発して、常にそれに縛られている。しかし、最終的には文学的なものに対する嫌悪をどう乗り越えるか。我々をして嫌悪を生きながらえしめよ、そういうふうに感じますね。

大江 それこそ『楽天記』に引かれた、あの恐ろしい言葉をちょっと思い出す。結局ものを理解するためには、あるプロセスに置きかえなきゃいけない。ビッグバンも天地創造も、あるプロセスとして考えてみる。そのプロセスを純粋なプロセスとでもいうか、プロセスそのものとして表現したい。それは論理としてといってもいい。ところが、小説家は、プロセスを描くためにはどうしても物語をつくらざるをえない。そうすると、どんどん膨らんでくる。その膨らんできたもの、物語そのものに対する嫌悪感もあるわけです。

純粋プロセスとでもいう方は、表現の前にあるか、後にあるかで、ついに表現したい。しかし、小説をつうじて純粋プロセスというところに行きたいとも思う。ムージルにも、概要とか断片とかいいながら、あるプロセスそのものを提示しようとしているところがあると思います。

例えば「愛の千年王国」の中で、主人公と妹が恋愛する。こういうことが達成されるとは思わなかった。しかし、達成されたという断片がありますね。ホテルに来て若い夫婦と思われたとか、ホテルの部屋の描写とか、幾らでもかさねて書く。しかし、このまま行っても純粋なプロセス、「愛の千年王国」が一瞬のうちに成立するところは書けないだろうと思っていると、やはりそこは書かれないままだった。

小説の行方ということは、結局小説がすっかりなくなってしまって、ある純粋なプロセスが僕たちにとって一つの大きい認識そのもの、啓示そのものであるような表現を達成することを目指している。しかし、それができないから小説を書いているということじゃないでしょうか。どうも小説の未来という問題にとどまらないで、この時代のもっと根本的な問題じゃないかとも思いますが。

自分が自分でなくなる境目

古井　科学者は当然純粋のプロセスを語ろうとする。それを語ろうとすればするほど、言葉とか発想の文学的な生命につきまとわれてうんざりする。僕ら文学者は、ある意味ではその逆方向をやっているのかもしれない。言葉とか文学の異様に増殖する生命の中から、純粋のプロセスを求めようとしている。その純粋のプロセスを、少なくともある手ごたえで描き出すようになるために、心の中で自分に対して行き詰まれ、行き詰まれと叫んでいる。

大江　しばらく前、若い人たちに小説の形成ということを考えてもらうために、『今昔物語』から『宇治拾遺物語』に至って、一つの物語がどのように変わっていくか、特にあるプロセスを語る語り方がどのように変わっていくかということを話して、その展開の上に芥川龍之介《あくたがわりゅうのすけ》も菊池寛もあるという話をしたことがあります。しかし、そうしながら、僕は今自分にとって重要なのは、これを逆の方向をたどっていくことだと思っていましたね。

古井　『宇治拾遺物語』から『今昔物語』へ逆戻しでしょう。

大江　ええ。『宇治拾遺』から『今昔物語』へ、さらに何かえたいの知れぬ物語以前へと考えてゆくと、現代文学の問題はよくわかるだろうと思いました。

古井　科学者から見れば、何もそんなことをしなくてもいいのにというかもしれないけれども。

大江　『僕が本当に若かった頃』という短篇で、若いころ家庭教師をやっていたときの話を書きました。そのとき僕は、化学の実験も数学の問題の解き方も生徒に全部言葉で説明してやろうと思った。なぜならば、人間の認識は言葉で行われるからだと、そのとき本当に信じていたからです。

そうやって教えると、ジャスト・ミートする生徒がいて、その少年の成績が非常によくなったということがあったんですが、あのロゴセントリズム（言葉中心主義）とでもいうものはいま複雑に思いなされます。小説家は言葉をたくさん紡《つむ》ぎ出すようだけれども、結局どのように言葉をそぎ落とすか、針金の骨組みだけにしてみるかということをいつも夢想しているのだから。

古井　そこまでしてもまた言葉が増殖して、牡蠣《かき》みたいにいっぱいくっつく、これにも耐え忍ばなきゃいけない。

大江　自分の中に言葉がどんどん堆積《たいせき》してくるということもありますね。

それからさらに言葉が不思議なものだと思ったのは、自分の小説を様ざまに朗読してもらう、新しい機会があって、自分の書いたものは全部知っているはずなのに新しい言葉と出会っていると感じることがあったことですね。

古井　こんなコンステレーションの中にこういう言葉が書かれていると、我ながらあきれることがありますね。

大江　僕も、そのコンステレーションの中に言葉がどう置かれるかということが重要だと思います。ユング派の治療家がコンステレーションということをいいますね。自分の無意識の中にある個別の星のようなもの、ステラをコンステレートする、すなわち星座として組むことが、人間を心の病から立ち直らせるというのが彼らの方法論です。小説の構想、それから実際に書いていく作業も、コンステレートすること、星座を組んでいくことですね。

古井　荒っぽくいえば、石ころを蹴飛《けと》ばしたら、その石が天に上って、その石を中心に一つの星座ができた、それが願望ですね。

大江　小説家はそういう見果てぬ夢に賭《か》けている。

小説を書いて三十年たって思うことは、相当多くの言葉の石を蹴飛ばしてきた経験だけが残っているということです。それがハンディにもなっている。使ってきた大量の言葉を洗い流して、基本的な枠組みだけを残して、これが私です、今までの仕事は全部このための準備でしたといえればいい。小説家はそれを夢見て生きているのだと思います。しかもそういうことはしだいにやりにくい形に今日の文学がなってきているという気もします。

僕は野球が好きですが、もう引退間際《まぎわ》の野球選手のようで、プレーの仕方そのものにいろいろなものがかさなっていて、どうにもフォームを改造しようがない。しかし、自分の仕事について、そのように生きてきたとは思っています。

古井 五十代半ばにかかって、どうかすると、ここで一つ鞭《むち》を入れると、よく走る小説になるのではないかと思ったとき、怖くてとめることがありますね。

大江 長篇の場合、短篇の場合?

古井 中篇ぐらいですが、自分がそこで尽きるんじゃないか。体にこたえたりすることもあるだろう。大江さんが「最後の小説」とよくおっしゃっていますね。

大江 それがいつまでも書けないものだから、本当に「最後の小説」になりそうで困っています(笑)。

古井 自分が自分でなくなる境目にある小説を書いてみたい。そのときに、自分の骨がかなり純粋に出ることになるのか、それまで自分が押し退《の》けたものが全部戻ってくるのか、見当がつきませんけれどもね。

大江 しかしそれを書いた後、生身の自分は困るでしょうね。時々外国の文学会議などで、引退してもう仕事をやめた作家と会うことがあります。それも苦しいが立派な身の処し方をしていると思う人が、そういう人の中にいますね。書くものはもう何もない。自分の書いたものについても関心を持っていない。ただ、生活するために文学祭に来てそこにいるという上等な人……（笑）。

古井 上がり方も考えなきゃいけませんね。

センチメンタリズムから洗い流す

大江 僕はこの頃思うことなんですが、小説家をめぐってのセンチメンタルな考え方が復興したのじゃないか。中上健次氏が亡《な》くなられて、立派な仕事中の作家が亡くなったことを非常に残念に思って、彼の作品をはっきり読もうという気持をいだく。それへの手引きの文章も読みたい。ところが、中上さんへの追悼の言葉を読んでいると、あらゆる雑誌のほとんどの文章がセンチメンタルに書いてある。

小説家に対するこういうセンチメンタルな態度はしばらくなかったんじゃないかと思うんです。大岡昇平さんが亡くなられたとき、それをセンチメンタルには扱わなかった。このところの妙にセンチメンタルな受けとめ方を、僕は文学の行末を占う上でどうもよくないように思います。

古井　文学をめぐる人の感情をそれまで抑え過ぎたというべきか、おろそかにし過ぎたというべきか、そのせいでもろくなっているんじゃないでしょうか。だから、ここで中上健次という一人の有力な作家が亡くなったときに、人の感情が粘り強く悲しむというより、うわっと折れるように悲しんでしまう。これがいわゆる文学に対する感動といわれているものの中にも影を落としているんじゃないかな。

大江　そういう意見を聞きたかったわけです。

古井　それはまた世間全体の文学に対する妙な期待もあるんですよ。もう五、六年前から始まることでしょうか、我々の仲間ではもう文学なんて先が暗いぞといわれていたところ、年々歳々雨後のタケノコみたいにファッション雑誌が出ますね。それをちらち眺めていると、かなりロマンチックでセンチメンタルな感じで文学といっているものが結構多いんですよ。コマーシャルの方で、「文学する」なんていう表現が随分ありましたね。

ああいう世間全体にある感情のもろさも働いているんじゃないかしら。恐らく感情というものをおろそかにし過ぎた罰として、ちょっと行き詰まると感情がもろくなる。

大江　そこで明快な難解さということが手がかりになりますね。明快な難解さの塊がある仕事を読みたいし、それを書き出す小説家のことを考えるのが、何となく自分をセンチメンタリズムから洗い流す役割を果たす。自分としてももうすこし難しい仕事をしようという気持になる。

古井　悲しみはそういう文章からおのずから放射すればいい。その形は決まっているんですから。

大江　『エレミヤ書』でもそうですけれども、『旧約聖書』を読んでいると、感情のもろさはどこにもないですね。

古井　ないですね。

大江　『福音書』を読むと、やさしい感情がはじめてここで導入されたのかと思うことがあります。ウィリアム・ブレイクは、罪の許し、フォーギブネス・オブ・シンは、イエス・キリストからはじまったと考えているようですが。やはり最初にもろくない感情があり、それが構築したものが何千年も人間をとらえてきたということは大変なことですね。

古井　レトリックの骨と一緒になるような感情ですね。

大江　レトリックの骨組みというか、結び目と。そういうものを手がかりに自分の書くものを検証して、将来に向かっていくほかないんじゃないでしょうか。

古井　洗い流して、洗い流して、それでだめだったら、ごめんなさいでしょうね。後はプロセスを見ていただくだけ。

大江　文学をやっていてよかったことは、自分が失敗して死ぬとして、「ごめんなさい」といわねばならぬ相手はいない点です。それでまだしも助かると僕は思っていますよ（笑）。

古井　最後は空《くう》をつかむ手つきを見せるだけに終わるかもしれないけれども。

（「群像」一九九三年一月号「小説・死と再生」）

百年の短篇小説を読む

森鷗外《もりおうがい》・日本の短篇のはじまり

――今日は、創刊以来「新潮」に掲載された短篇の中から選んだ、森鷗外の「身上話」から始まって、中上健次の「重力の都」まで三十五篇を通して読んでいただいた感想を伺い、日本の近・現代文学において短篇小説が持っている意味合いを話し合ってくだされればと思います。よろしくお願いいたします。

大江　百年間の短篇を全体でいうと、日本語の近代、現代文学に少し悲観的な意見も僕はもちました。全体の感想から始めるより、一つ一つやっていきましょう。そして最後に積極的なものが浮かび上がれば……。

古井　その方がいいですね。

大江　まず森鷗外の「身上話」。

古井　鷗外が短篇を書きだしたのはずいぶん歳《とし》が行ってからですね。いろいろな試みの末、書き出す。そして、はじめから完成されたような短篇を書くんです。ひょっとして日本の近代の短篇は、完成された形から始まって、さまざまな崩れを見ながら展開したんじゃないか。

大江　古井さんが完成された形と言われるのは、ヨーロッパの十九世紀までの小説の完成ということですね。二十世紀になって新しい書き方が生じたけれども、小説はそもそも、十七、八世紀から完成していたものだと思います。それを森鷗外が学んで自分のものにできたのは、初期からやった、ヨーロッパの短篇小説を翻訳していく作業があったからでしょう。

古井　立派な翻訳ですね。

大江　世の中にある面白い話をパッと切り取ってみせるというヨーロッパ式の短篇の書き方。同時に、文久二年に生まれて明治の転換期を生きた人の書いた小説ですね。作中の「花」さんについて、この人が維新をどういう出自でしのいで明治の社会に生きているかを書いています。

古井　鷗外は翻訳で自分を鍛え上げた人ですが、この「身上話」はいわゆる日本の短篇のはじまりでしょう。ヨーロッパの短篇は、一種の報告書や弁明書の様式を踏んでいますね。例えば、ポーの「黒猫」の冒頭では、目の前の聴衆に対して、自分にとって日常的だが不可思議な体験を語る。それを人は信じないだろう。私も今となっては信じ難いが、実際に起こったことだ。私は体験したことだけを書く。それで、読む者の判断に任せる、という語り方。

「身上話」では、語り手のつぶやき、ちょっとした嘱目《しょくもく》に周りがおのずから耳を傾けるという、日本の短篇の語り口がここにすでにありますね。それで、ヨーロッパの短篇ではなかなか表現しにくいことを見事に表現しているんですよ。例えば「花」さんが話を聞いてもらえると知った後に華やいで、色気が出てきます。立ち居振る舞いから声まで違ってくる。これは一種の情交です。こういう微妙なところは、日本の短篇の高い水準をあらわすんだけど、弱みでもあるのかもしれません。

大江　ヨーロッパでは、一般に一つの小説に二つの階級が出てくると、関係ははっきりと隔絶しています。この小説では、男の主人公は確実にインテリで外国にも行ってきたような人間で、片方は下宿の女中さん、階級は違うんですが、ヨーロッパの階級のような根本的な違いはありません。不思議な人間関係ですね。

古井　身分が時によって流動するということ。時に従って流動するばかりじゃなくて、場面によっても身分が溶け合うんですね。

大江　それでもヨーロッパの短篇だと、この締め括《くく》りのように「圭一は暫《しばら》く跡を見送つて、何か考へてゐた。」なんていうことはあり得ないと思うな。お前、何を考えていたんだ、はっきり言えと（笑）。いい意味でも悪い意味でも、日本の短篇がこれからかちとっていく日本的な癖は、兆候として現れていますね。必ずしも楽観できません。

徳田秋声・傷だらけの文体

大江　徳田秋声の「和解」には、尾崎紅葉、泉鏡花、秋声という系列のなかでやってきて、叩《たた》き上げた作者としての自信を感じますね。秋声は英文学もよく読んだようですけれど、小説としての完成度や深みという点では、こうしたものに日本の小説家の底力があると思うんです。

古井　「和解」には秋声という作家の屈折がよく出ていますね。この人は、鷗外の「身上話」と同じ時期に、かなり完成された短篇を書いていて、日本語としても非常に洗練されているんです。ところが昭和に入ってからそれを崩して、モダニズムを取り入れ始めた。非常におかしな形で欧文脈を取り入れて、それで『仮装人物』を書いた。その後でもう一度昔のような達人に戻ってるようなんですが、文章の妙な屈曲が残ってしまった。この人も古い言語教育を受け、四書五経で育った人ですが、青年時代にはやはり翻訳青年なんですね。翻訳を通して妙に半端《はんぱ》な欧文脈を取り込んで、それがいつも喉《のど》の骨みたいに残って文章を滑らかにしない。「和解」は晩年の爛熟期《らんじゅくき》の作なんですが、やっぱり文章の落ち着きのなさが出ているのは面白いですね。

大江 ヨーロッパの文脈を持ってきたせいでのぎこちなさ、窮屈さがあるんですけれども、それは、今から見るとかえって読みやすい要素にもなっていると思います。それは漱石《そうせき》もそうです。かれは、同時代の人から見れば欧文脈で、普通の文体と違った人じゃなかったかと思いますが、今も生きています。秋声のも、現在に生きてる短篇だと思います。この小説も、「私は又た何か軽い当味を喰ったやうな気がした。」というので終わる。これも、外国の小説ではあり得ないですよ。一行感想を述べて終わる。しかもその感想がなかなか重層的で、煮ても焼いても食えないものですね。

古井 日本の短篇読者がよく忖度《そんたく》してくれるわけですよ。この一行から逆戻ししてまた読んでくれる。

大江　それが日本の短篇小説をやっかいなものにしてる原因でもあると思いますよ。捨て台詞《ぜりふ》とはいいませんけど、最後に一行の文章で、自分の感想を示してひねってみせる短篇が多いんですよ。

古井　この場合は、鏡花と秋声の関係やそれまでのいきさつや、両者の性格、文学の行き方の違いをよく知ってる人だと、「当味」はわかるんですよね。

大江　鏡花という人は相当な曲者《くせもの》でしょう。

古井　そうです。自分の文体を守り通した人で、秋声は逆にもう、傷だらけの栄光ではないけれど、傷だらけの文体ですから。

大江　このアンソロジーに鏡花の小説を採っていないからとくに言えば、鏡花のように癖があって、かれの時代でさえ古めかしくて滅びてしまいそうだった特殊な文体の作家は、長篇の場合は生き延びるのが難しいですけれど、短篇の場合は実にいつまでも滅びないということがありますね。そういう点で秋声は、本当に生涯当味を喰った……(笑)。

古井　犬を恐れるという神経、これはたぶん鏡花の強みだと思うんですよ。それに対して秋声は、そういう潔癖さを削《そ》ぎ落としてきた人ですから。

大江　M―子という女や自分の長男と一緒に踊りに行ったりする。それはこの物語に重要ではないし、書いてる本人以外にはどういう人物かわからないから、アメリカの短篇小説だと雑誌の編集部で切り落とされてしまう部分ですね。そういうものもちゃんと残っている。そして、泉鏡花の弟、僕たちが泉斜汀《いずみしゃてい》として知ってる人も、曖昧《あいまい》といえば曖昧です。私小説の世界で、のちに大手を振って通ることになる日本の短篇の特質が見えます。同時にこの頃はまだ、客観的な短篇小説として成立する骨組みは作ろうという努力はあると思いました。

島崎藤村・あらずもがなの結末

大江　「伸び支度」は奇っ怪な小説ですね。

古井　藤村は、これだけスムーズな文章を書く人なんですね。屈曲が包まれちゃったような感じで。全体を読んで、すんなりと流されて、それでおしまいになってしまう。

大江　藤村は田舎の人でしょう。僕も田舎の出身だからよくわかるんですけど、藤村は東京という都会で生活すると、日常語に対してはほんとうに敬虔《けいけん》な生徒のようになりますね。素直に、注意深く言葉を学び、それを再現していて面白いです。例えば

「袖子《そでこ》さん、どうしてお遊びにならないんですか。」と言いますね。今はもう使わなくなった言い回しですけれど、それを捉《とら》えようとしている。少女の、生涯における生理的な転換期という大きな問題を扱っていて、相当の短篇小説ではあるんですね。日本の

古井　しまいのところは、鷗外や秋声と全然正反対の問題を含んでいます。日本の短短篇の伝統だと、この最後は要らないんですよ。あらずもがなの台詞がある。

大江　最後の「袖子は、その心配から、子供と大人の二つの世界の途中の道端に息づき震へてゐた。」というのは、観念的だとして日本文学では書かないところですし、外国文学でも書かないかも知れない。これは袖子という人の内面の視点のようではあるけれども、それを観察している父親の視点でもあるんです。

古井　叙述の眼の位相が乱れていますよ。

大江　自分の娘のことを書くと、最後のところには、こういう客観的な一行を書いておかないと落ち着かないという気持ちがあったのかもしれないな。

古井　日本語というのは妙に自己増殖していくところがあるんで、一言書いて収めをつけないと往生できないという傾向はありますね。

大江　それが僕の今日言いたい第一の要点。日本の短篇小説をかなり特殊なものにしている傾向です。

正宗白鳥《まさむねはくちょう》・文体を変えつづける

大江　白鳥は中篇小説の名手です。「口入宿」は、初期の頃にいろいろ書いた、観察に基づいて書く客観的な小説ですね。この人の人間の心理に対する興味は特殊なもので、僕は面白かった。

古井　これは、この三十五篇の中で流儀としては一番古いんじゃないですか。あたかも芝居の舞台を念頭に思い浮かべて、そこに細かい所作をつくっていくという形で、かっちり収まっている。形としてはこの選集の中で一番しっかりしてる小説ではないかしら。ところが、正宗白鳥自身のことになると、「入江のほとり」などでも、また文章が変わるんですね。こういう完成度を無視し始める。

大江　中篇「微光」の頃の、黄金時代と言っていいような豊かな時代があって、晩年はまた短篇の名手ですね。エッセイでもなければ小説でもない、しかしそのどちらでもあるような、特別な形式をつくっている。明治生まれの文学者で、昭和後半の最後まで知的に衰えなかった人として、ほかの人とは比較できないほどじゃないかな。

古井　文章が一番変わっていった人ですね。時期によってそれぞれまったく違う。それが知的ということですね。前のものを否定していく形でやっていきます。近頃、若い人と『自然主義文学盛衰史』を読んでいますけど、そこで白鳥は自然主義の諸大家にたいしてかなり辛辣《しんらつ》なことを言うけれど、結局は自己否定なんです。

大江　芝居のように書かれていると話されましたが、白鳥の芝居はどんな人とも違う芝居です。特に戦後の『天使捕獲』などは。

古井　戦後の短篇は、もう短篇というものはない、小説というものはない、文学なんてものはない、という境目でやってますね。

大江　文壇の中にいなかったのがよかったんじゃないですか。流行とも無関係でした。僕は一回お会いしたことがありますよ。白鳥先生が僕におっしゃったのは、君は幾つだ。二十三歳です、と答えたと思いますが、君が書いている社会エッセイみたいなものは、一見、過激なようだけれども、まあ、ああしたものだと。自分がその年頃で読売新聞の記者として書いた批評などは、さらに過激なものだったと。そのとおりなんです。魅力ある人でしたよ。この人の信仰の問題も面白い。

古井　キリスト教やダンテをある程度論じられた、珍しい日本小説家じゃないですか？

大江　そうです。かれ以前も、いろんな人たちがダンテを翻訳したり研究したりしていましたけれども、白鳥は、英訳で、イタリアのダンテ研究家の文章も読む。もっとも白鳥のダンテ論は非常に不正確な思い入れ沢山なもので、例えば、ダンテと導き手が煉獄《れんごく》で別れるところなど、ダンテのテキストそのものは簡単に別れさせてしまうんだけれども、白鳥は、去っていく師の背中に涙を注ぐとか（笑）、いろんな空想をします。

白鳥は、内村鑑三による月曜講演で最初にダンテのことを聞いた。そこで内村鑑三とヴィルジリオが感情的に結びついてるんです。あの頃の宗教の指導者たちは、ヨーロッパの新文学及び新思潮の紹介者でもあって、多面的な影響を与えたんですね。

永井荷風・ヨーロッパ通の正体

大江　白鳥の地道なヨーロッパの受け止めに比べて、荷風の「ADIEU（わかれ）」はどうでした？

古井　うーん。その後の活動と比べてみて、ちょっと信じられないところがあります。

文学者としてどういう意識でいたのか。帰ってきて間もなく「深川の唄《うた》」を書きますね。そこでは文学者としての腰の据え方が見えるし、文章もかなりがっしりしてくるけど、その直前ですよ。

大江　これはフランス日記として書いたのであって、自分もフランス人の側にたったつもりなんでしょうね。僕はこれを読んで荷風にアデューと言いたいような気がした(笑)。日本人のヨーロッパ通の正体にも、どうも今日にいたるまで困ったところがあると思います。ここから百年の間に、われわれはともかくも日本の近代文明をつくったんですね。

古井　こんなふうに書いてみたいとは思わないけど、一度しゃべってみたいという気にはなりますね。こういう語り方をもう一度よみがえらせる必要もあるのかな。

大江　現在の若い小説家の外国旅行記を読んでいると、基本的には「ADIEU（わかれ）」の荷風と同じですよ。

古井　いかにも切実なんですね。これはつらかったんだろうということはよくわかります。

大江　イギリスへ渡ってしまうと、まったくフランスの人間としてイギリスを見ているでしょう。そんな見方をする根拠はないんですけど。面白い人ですね。

古井　これだけ去り難いという情を表せたら爽快《そうかい》ですよ。

志賀直哉・いかがわしさの露呈

古井　志賀直哉という人は、非常にまっとうな作家のように思われてるけど、人物の表し方に独特な屈曲がありますね。「好人物の夫婦」といっても、男の方の人物にはなかなか奇妙な性癖があります。

大江　しかもそのことについて反省はしない。志賀直哉の崇拝者たちが、今でも芸術院の顔役だったりするでしょう。そういう人たちから見ると、志賀直哉の人格万歳、文章万歳ということで、それが日本の私小説の一つの理想型をつくっていると思います。しかし、僕は志賀直哉という人物にはいかがわしいところもあると考えています。そのいかがわしさを批判的に自分で意識して書いたもの、このような人間であるほかない、ということをはっきり自覚して書いてるもの、例えば『暗夜行路』は美しい、立派な小説ですよ。この「好人物の夫婦」では、この夫の嫌らしさというか、どうにもしようがない人物であることが……。

古井　よく露呈してますね。

大江　そうです。そこで、「好人物の夫婦」と客観化したつもりかもしれませんが、作品自体はどうでしょう。こんな人物は世界文学の中では成立しません（笑）。

古井　漢文で突兀《とっこつ》という言い方がありますね。突兀というか、この人物像のグロテスクな感じが出てますよね。僕にはその点が面白かった。

大江　突兀として、というのはでこぼこしているということですね。

古井　書き手には、ギュッと押し出したのに、押し出したという意識がないんですよ。だから露呈と言われても仕方がない。

大江　そのくせ、自信をもった夫のやさしさもあり、人間に対する微妙なやさしさもある。女中さんに対するやさしさ。不思議な人ですね。ただ、これが文学のお手本だとすると、日本文学は世界文学として成立しない。

古井　しかしこの人物をこの短さで書くとなると、この手しかないかな。

大江　そうですね。私小説は、「私」の説明に対して怠惰であるのに対して、これは客観的な小説のように、「私」をはっきり露呈している。

古井　それからもう一つ感じたんだけど、官がかった職にある人のある種の厳密なものの言い方が、私的な心情の関係でも出てくる。そういう脆《もろ》さも見えました。

大江　その脆さと言われるところが志賀直哉の根本的な魅力とされてきたんじゃないでしょうかね。

谷崎潤一郎・漢文の風格

大江　谷崎潤一郎の「京羽二重」。僕はこういうものの良さがわからない。

古井　立派な文章だと思うし、存分に表現していると思います。でも、もう晩年のものですから、小説という意識もあまりおありにならないんじゃないかしら。

大江　なかなか手が込んでいるつくりではありますね。人間の書き方とか、物語とかは。

古井　ひとつ間違えると通俗的になるんです。その手前でよくとどめてるのはさすがに腕なんでしょうね。もうひとつしつこく、あるいは自分の趣味のほうに付くとしたらちょっと厭味《いやみ》が出てくるんですよ。

大江　明治の人たちの教養の背景には、いうまでもなく漢文があります。それは鷗外に生きているし、白鳥にだって見いだされないわけではない。荷風にももちろんあります。潤一郎のこの短篇の場合、長年の修練を通じて、現代の文章として、散文的に書こうとしている。最後のほうになって一行、「朝からの雨はなほ止《や》まず、瀟々《しようしよう》と降りしきつてゐる。」と漢文の形容を使われると、やはり風格がありますね。力もあるな。

古井　この文章が生きる人と生きない人がいますよ。この小説の最後、これこそ読者に対する「当味」ですね。

大江　最後に家庭の実情をちょっと、映画のメイキングのように露呈してみせたりもして、実に手が込んでるんです。

古井　楽に書いてるその筆致をちゃんと出すということは、やはりできないことでしょうね。工夫の苦労が文章に出るようだと、こういうものはちょっと読めない。

大江　日本にしかないものですね。僕は不思議なものだと思う。

葛西善蔵・二重のもの言い

大江　葛西善蔵の「青い顔」になると、これはもう完全に私小説の格好をとっている。

しかし、一篇の短篇小説をつくろうと苦心していますね。

古井　葛西善蔵は谷崎潤一郎と年が一つしか変わらないですね。まったく同じ世代でしょう。葛西善蔵こそ、もしも翻訳しようとしたら微妙なことになって、諧謔《かいぎゃく》小説のように訳してしまう恐れがある。私小説として読んでいても、「私」による「私」の客観化と、それでいて「私」を認識できない齟齬《そご》が、諧謔として書かれているのか、露呈しているのかわからないところがある。諧謔すれすれとか、無意識の諧謔って言いたくなるんですけど。

大江　これは後の嘉村礒多と比較するとよくわかりますけど、古井さんの諧謔という言葉を、まあユーモアと捉えるとして、葛西善蔵にはそれを意識して表現する力があった。嘉村礒多にはその力はない。ところが、嘉村礒多には嘉村礒多自身の諧謔が、違うものとしてある。葛西善蔵は王様の諧謔、嘉村礒多は奴隷《どれい》の諧謔という感じ。「青い顔」は、今おっしゃった自分が意識してつくった諧謔と、おのずから現れてくる諧謔が実に微妙に表現されている。主人公は暴行したと告訴されて、K分署で取り調べられそうになるんですが、その訴状の内容を見ると、本当にこの人はやったんじゃないかと思います。酔っぱらってお婆《ばあ》さんを見舞いに行って、上品なことだけを言っているような人間ではない。ところが、それこそ口をぬぐって偽証するようにして、自分は何も悪いことしなかったと書いて終わるんです。その虚実皮膜の間が微妙ですね。

古井　白ばっくれではないんですね。事柄に対する認識と自己認識がずれていても平気なんです。これは、まあ資質というのか、文質というのか、意識してはできない。

大江　これは今まで僕たちが話してきた、明治初期生まれの人が書いた短篇のなかでとくに優秀なものの一つじゃないですか。いわゆる大作家として文学史に残る人に比べて、特殊な作家として扱われる人で、しかもその人の文章の癖が時代と密着しすぎていて、後には生き延びられないと感じられるような作家で、思い立って読み返してみると、これは確実にいい作家だという人がいるんですね。いい短篇作家だと言ってもいい。例えば森鷗外と葛西善蔵を比べてどちらを採るかというと、短篇の水準でいえば僕は葛西善蔵を採るなあ。

古井　少なくともエキサイトしますね、こちらのほうが。

それから、ある口調が全然別な口調にも聞こえる。一番最後の年寄りの忠告は懇切な忠告にも聞こえるし、ひょっと音調を変えるともう嘲弄《ちょうろう》に聞こえるでしょう。こんな辛辣なもの言いはない。葛西善蔵はこの二重に聞こえるもの言いを地の文でも時々使うんですよ。事実の認識と「私」の認識の分裂を、これだけ鮮やかに表す手法がほかにあるものか。

大江 これには日本的な枠組みを高く超えているところがありますね。アイロニーのつもりか、そうでないのか自分でもわからない表現。

古井 葛西善蔵に関してはもう一つ、晩年の「酔狂者の独白」、あれが実は口述なんですよ。嘉村礒多に口述した。相当病気もひどいし酒も回っていて、かなり支離滅裂なところがあるのだけど、口述に耐える文章なんですね。いわゆる朗読ではなくて、コメディアンが舞台の上に立っておどけた台詞を言うと、それがそのまま文章になるような、日本文学者として稀《まれ》な資質がある。大向こうのいる作家ですね。

大江 彼は現実の文学生活では大作家として遇されなかったけれども、やはり大作家の一人ですね。

古井 人気作家ではありましたが。

里見弴《さとみとん》・「説教」というジャンル

大江 「豆衛門の独言」ですが、僕は豆衛門という人物、すなわち枕絵《まくらえ》に出てくる小さな観察者を提出したことは面白い発想だと思います。でも、小説全体の語りが、葛西善蔵の逆で、自然なズレというか、持続性というか、そういう面白さが実はない人なんです。むしろまじめな人なんじゃないかな、里見弴という人は。彼の実生活と比べるとおかしいかもしれないけど。

古井 その時その時の洒落《しゃれ》や地口でしのいでいます。

大江 衣の袖から鎧《よろい》が見えるように、道学者風の説教もありますね。

古井 里見弴という人は日本近代文学でどういう位置を占めるのか、不思議ですね。しかも、どの時代のどの作家という、定まった位置もない。

大江 まごころ哲学というようなことで受け止められていたところがあるでしょう。高等学校の時に下宿していた家のおばさんが、元軍人の奥さんでしたが、倫理的に里見弴に傾倒している人だったですね。里見弴や葛西善蔵は、日本人の市民生活に不思議な入り方をしていたような気がします。しかし、あれだけ大きい存在として文壇に生きていた里見弴という実体がよくわからない。

古井 「説教」というジャンルがあったらずいぶん売れたでしょうね。講演させると、この中でいちばん人を惹《ひ》きつける人のように感じられます。

大江 『道元禅師の話』など、聖職者ではない、俗社会にある人の説教という印象ですね。

岡本かの子・学ぶべき短篇作法

大江　僕は「家霊」は短篇としてとても優れていると思いました。ほかの作家に、短篇らしい短篇をつくっていこうとする気構えがあまりなかった時に、岡本かの子はそれをしっかりやった人なんじゃないか。

古井　しっかりした短篇をまっしぐらに目指してますね。だから一切無駄がない。よい短篇の要素にならないものは一つも許してないというタイプなんです。

大江　この短篇のつくりのうまさをいえば、最初の「いのち」という店の名前を提示する仕方がうまいし、特別な彫金をやっている徳永老人の描き方もいい。老人が嘘《うそ》のような、ほんとうのようなことを言って、小説はうまく展開していく。それに対して、常連客の学生たちと、彼らとともに新しい店をやってゆく女主人の関係もうまく書けています。そして、その娘が、「誰が自分を悩ます放蕩者《ほうとうもの》の良人になり、誰が懸命の救ひ手になるかなどと、ありのすさびの推量ごとをしてやや興を覚える。」というところで小説のテーマは完結しているんですが、その後にまた徳永老人が出てきて、もう一回、「毎晩必死とどぜう汁をせがみに来る。」と書いて、登場人物の劇、パフォーマンスにして終わる。最後まで短篇として完結しようという態度が一貫してるんですよ。

古井 そうですね。

大江 こういう人が、特に若い作家によって尊重されればいい。若い作家が自分の文学の将来を考える時、葛西善蔵みたいな名人芸を学ぶよりは、岡本かの子みたいな実質的なやり方に学んだほうがいい。

古井 どういうものか、日本の近代文学はいつ頃からか形をきちんと踏んで、展開をしっかりやるということに疲れるようになりましたね。

大江 そこが僕が今日言いたかった第二の要点。日本の近代文学の短篇の歪《ゆが》みといってもいいし、特色といってもいいんですが、なぜでしょう。

古井 一つには、なまじ形を外した才能のある大作家がいたということもあるでしょうね。葛西善蔵みたいなのがいると、形をきちんと踏んだやり方を一足跳びに超えられますから。

大江 白鳥でもそうです。

古井　その後の作家たちがやってないだけではなくて、岡本かの子の先輩に当たる作家たちも、その後の展開で「家霊」のようなことはやってない。それで、疲れやすい、くたびれやすい。いまだにこの影響は強いですね。

内田百閒《うちだひゃっけん》・スポーツマンのように健全に

大江　内田百閒も不思議な人ですが、「他生の縁」は、百閒にしてはちゃんと物語を完結していますね。文学の本当に好きな人たちが、自分たちのものとして秘密にしまっておく感じの小説ですね。

古井　ただ私が思うには、掲載は昭和十年で、大正年間から始まった私小説のいろいろな屈折が一段落した後の小説でしょう。私が興味を持つのは、葛西善蔵、嘉村礒多、牧野信一なんですが、この人たちには私小説というものの矛盾が露呈している。その矛盾が力になってる。ところがある時期からそれに整理がついて、「他生の縁」のように見事な私小説ができてしまう。

大江　一段落ついたということは、問題が解決したということですね。牧野信一、葛西善蔵、嘉村礒多という人たちは、自分を支えていくために苦しみながら小説を書いていく。それが私小説の特別な味わいもつくっていた。ところが内田百閒は物語の表の骨格としては、借金して、貧乏して逃げ回ってるという、一見苦しげな形をつくっているんですけれども、実はこの人は借金ごときで本当に苦しむ人間ではないし、性格が破産したりすることもない。精神的にもスポーツマンのように健全に生きている。

古井　嘉村礒多とか牧野信一は小説、特に私小説そのものの矛盾域の中で書いてる。百閒はそれを脱けましたね。

大江　この小説は成功していますけれども、それで百閒先生は次第に評伝とかエッセイの方向へ行かれたんだと思います。

古井　うまい。しかし何か反復可能な良さですね。

大江　百閒はドイツ文学の専門家で、大学で教えるような、一応選ばれた階級だったということとも関係があるかもしれません。それは次の芥川龍之介と非常に微妙な形で絡《から》んでますね。

芥川龍之介・和漢の教養と感覚

大江　芥川龍之介も選ばれた人でしたし、同時に性格が破産して自殺せざるを得ないところもあった人です。その点から「一塊の土」を見るとどうでしょうか。

古井　龍之介という人は、運命が少し違ったら現代文学の文章の手本になるような人だったはずなんですよ。それだけのものを持って登場してきた。それが自分の資質や欲求から後退する形になって、挙句には最初の志とずいぶん違ったところでいいものを出して亡《な》くなってしまった。

大江　芥川の転換点、なぜ彼が今までのとおりではいけないと思ったかは、大切な問題ですね。それについて幾つか考えることがありますけれど、一つに、芥川の文体、特に初期のものが近代小説の文体ではなかったんじゃないかと思います。それは戦後でいえば、三島由紀夫《みしまゆきお》の場合です。三島さんの文体も、近代小説の文体ではなかったと僕は思う。若い時はそれでいいんですよ。天才的な短篇を幾つか書けばいい。それから文体をつくり変えて別の文体に入っていく。作家の成長とはそういうものです。

芥川もそれをやろうとして、最後のあたりで新しい文体をつくっていますけれど、とうとう力つきて死んでしまった。

もう一つ、龍之介は同時代の作家の中でロシア革命、そして新しい世界ということに敏感な目をもっていた人です。この国でもプロレタリア文学の勃興《ぼっこう》を見て、自分もそうした世界を書く必要があると考え、中野重治に接近したりしたことがあった。この作品で農民の生活を書こうとしたのも、新しい素材、社会性を自分の小説に盛り込もうと思ったんじゃないか。その点で十分には成功していない。

古井　芥川という人は、ごく若い頃から、日本の和漢の教養と感覚が一身に集まった稀な存在だったと思います。初期の「羅生門」や「芋粥《いもがゆ》」、これだけ高度な作品を書くということは大変なことなんです。そういう中から近代の文章がわっと出てくるのが実は好ましい展開だった。ところが、もちろんその意欲はあったんだろうけど、途中で自分の意志を曲げたところがある。それは何か。大胆な言い方だけど世間の支持がなかったんじゃないか。確かに人気作家でした。花形ではあった。しかし芥川が望む方向の文章を世間が望まなかった。そろそろマスコミ化しはじめた世間が、芥川が目指す文章と違った方向に行って、置き去りにされてしまった。それが芥川の一番の挫折《ざせつ》ではないでしょうか。だから、ああいう出発点なのに、最後には私事を書くのがもっとも確実だという方向に行ったけど、あの文章は私事を書く文章ではありませんね。

大江　モダーンで、知的な文章。この「一塊の土」でも、農民の生活を書いていながら心理分析にはハイカラなところが出てきます。

僕は、芥川龍之介という人も、いったん時代から見捨てられて埋もれたように生きていき、そして泉鏡花のように復活する、というのが幸福なあり方だったのだろうと思うんですけど。正宗白鳥もそうした。実は僕もそれを狙《ねら》っています（笑）。芥川龍之介のように、最初から天才的だと評価されて、文壇の評価と大衆の評価が一致した人間はいつも不安だと思います。

古井　そうですね。歌の才能のあった人じゃないかと思うんです。散文はどうも苦しい。俳文とか紀行文のように歌の混じる散文のようなものがあれば存分に才能を発揮できた。時代はもうそれを求めてない。それで、主観的には置き去りにされたと強く感じたと思いますね。

今読むとハイカラな口調といえるんだけど、そういう口調が主流になり得たんですよ。芥川龍之介と島崎藤村は、都会人と地方人の違いがあるけど、両方ともハイカラの傾向がありますね。まったく対照的な作家ですが。この「一塊の土」よりちょっと下りますが、『新生』は非常にハイカラなものを、びっくりするぐらい打ち出しています。後に藤村はすぐ修正しますけどね。

大江 龍之介と藤村を考えてみるということは、あまりされないけれども卓抜な意見だと思うな。一つはハイカラ性、一つは韻文性、歌ということで。ハイカラでも、芥川のハイカラの方がちょっと上級なんですよ。一般読者が十分にはついていけないハイカラ。藤村のハイカラは、誰でもそこへついていけるものです。

古井 お互いにたいそう憎み合ったそうですね。

牧野信一・とびきりの名手の技

大江 続いて芥川を神経衰弱にしてしまうにたる奇っ怪な名手二人が現れてくる。牧野信一の「西瓜《すいか》喰ふ人」。

古井 いや、大変な作家がいたと思いました。

大江 この短篇選の中で最上の作品だと思う。

古井 僕もこれが一番です。

大江　牧野信一は、芥川に比べれば民衆の支持、批評家の支持でいって、大人と子供ぐらい違ったでしょう。しかもこれだけしっかりしたものを残して自殺していったんですね。

古井　ここにも、この時期の私小説に特有な、過度なまでの自己客観がある。その自己客観がどうにもならないという無力感がにおってきますね。牧野信一は、葛西善蔵よりもっと意識的、手法的になりますね。

大江　小説の書き手「余」という人物と、それから彼が描く「滝」という人物は、同一人物であり得るわけで、一人の人物を二つの側から書いている。そういう形の私小説でもあり得るでしょう。手法を明確にすることに意識的ですね。

古井　例えば「余」が「滝」から話を聞いて、小説を書くのにどうしてそんなに苦労するんだ、最近の体験、幾つかをそのまま書けば小説になるじゃないかと促すと、「滝」がうつむいてしまって、どうもそうはいかないと。なぜと聞かれると、「あれはあれでもう済んでしまった気がするんだ。」体験を人に話す時には見事な短篇小説の形をとっているのに、話してしまったらもう済んでしまう。これが私小説の、自己諧謔になっていますね。

大江　「滝」と「余」がじつは同じだということは、最後に、「余」の日録を「滝」が読んで、原稿用紙に写し直すというところに種明かしもしてあります。夢の中で、二人の人間がいて西瓜を食べていて、片方が食べている西瓜が隣で食べているやつの西瓜と重なったりするあたり、うまく自分と「滝」の関係を説明していますね。「西瓜喰ふ人」というタイトルのつけ方も、名手の技です。

古井　こういう言葉が見えるんですよ。「彼に対する余の無理解を余自身が勝手に掘り下げて行くやうな気がすることもある。」これは作家がものを書いてる時の気持ちをよく表していますね（笑）。

大江　「結局彼は、気持ばかりが積極的に切端詰《せっぱつま》つて、傍目には又とないナマケモノの月日を繰り返してゐるのだ。」というのは、毎日の自分の生活を思えば（笑）、実によくわかりますね。こういう細かい観察と、それから現実生活を蹴飛《けと》ばしたシュールレアリスティックな展開がある。才能のある人ですね、牧野信一は。

嘉村礒多・色濃い罪の意識

大江　そして「七月二十二日の夜」。嘉村礒多には、牧野信一のような工夫はない。

先生の葛西善蔵のような一種水際立《みずぎわだ》った名人芸もない。しかし魅力ある小説家ですね。

古井　この人は、個人的な心理をちょっと超えるような罪悪心とか憎悪《ぞうお》とか、こだわりを引きずっている人で、どうもそれが文章を決定するようです。それこそ全人類の罪というような口調に時々なるでしょう。これがこの人の特徴なんです。

大江　それは、やはりキリスト教と関係があると思うんです。この小説の前半、教会の玄関に書いてある聖書の言葉が出てきます。後のほうでも、「自分は自分の狭い安《あん》堵《ど》の心を神の前に秘め隠すことが出来ようか！」などと、直接「神」が出てきたりする。日本人の文学は、ユダヤ・キリスト教、イスラムと関係なしに神という言葉をよく使いますけれど、嘉村礒多が追い詰められて「神様」と言ったり、罪悪を感じたりするのは、そういうこととは違いますね。

古井　この方は山口県の出身でしょう。明治の頃に、日本のあちこちに浄土系の刷新運動、敬虔《けいけん》主義運動が起こる。その渦中にいて、改革的な信仰の会に参加してたらしい。そこに、尊敬するお師匠さんがいて、いわゆる在来の仏教と違う、ちょっとキリスト教的に研ぎ澄まされた浄土系の情念と思考を叩《たた》き込まれた。しかもそれを捨て、女性と駆け落ちをして郷里を出ていくんですね。

大江 嘉村礒多の罪の意識が色濃い、深いものであるのは、いつも悔い改めなきゃいけないという気持ちが精神の基本にあるからだと思います。それはユダヤ・キリスト教にあり、イスラムにあり、古井さんがおっしゃった仏教の改革運動にもあるだろうと思う。そういう人間は並みの人間ではないんですから、修道院に入れば生き方はありますけど、罪という思いに鼻を突き合わせて現実世界で貧しく生きるとなると、それは苦しい。そういう文学ですね。

古井 当時の人の伝えているところによると、罪悪が着物をきて歩いているような人間だったそうです。

大江 ヴァルネラブル（無防備）な人ですね。短篇としての完成度は確実で、自分はしっかりと短篇を書かなければ通用しないという強迫神経を持っている。

古井 短篇の完成度は文章のうまい下手と関係ないんですね。この人の文章は、お世辞にも短篇にふさわしい文章とはいえない。どこまで行っても終わらなくなる恐れがありますからね。

大江 これまで総合的に読んだことがないんですが、一度全体を読んでみたいという気持ちを持たせる作家ですね。

井伏鱒二《いぶせますじ》・物語をつくる名人

大江 井伏鱒二の「ジョセフと女子大学生」。これはいかにもつくりものとして書かれていて、井伏さんがナンセンスの作家、ユーモアの作家として扱われていた時期の名残りのような。

古井 昭和五年掲載です。早い時期なんですね。

大江 井伏鱒二は、物語をつくる名人で、最初からそうだった。これは、「山椒魚《さんしょううお》」や「夜ふけと梅の花」より後ですね。井伏さんが迷っていられた時期なのでしょう。

古井 物語であることから逃れようとすればするほど、物語の才が際立ってくるという作家でしょうね。

大江 井伏文学が本当に成立したのはどのあたりなのかな。最初、出発点ははっきり成功していたんですね。そして、中間が苦しい時で、そこを乗り越えて大成された。

古井 まだ口調だけでしのいでいますね、この作品は。

横光利一《よこみついち》・外国の思潮との出会い

大江　「マルクスの審判」はある意味で典型的ですけど、僕には横光利一という作家がよくわからないんですよ。こういう小説を自分が書かなければならない、という意識を持って、日本文学をリードする作家として書いているという感じはするけれど。マルクスを出してきても、長持ちする扱いの仕方ではない。時代がこういう短篇を書かせたという感じもします。

古井　これは、「一塊の土」とほとんど同じ時期の作品なんです。いろんな要素を入れて世間に提示するという形ですね。これは、「マルクスの審判」にしなくても、あるところで止めれば、それなりの小説になるんですよ。

大江　芥川龍之介と横光利一、中野重治、それから大岡昇平もそれほど年代が違わない。せいぜい芥川から六年、十年、十七年ほどの年齢差。この作品が書かれた大正十二年頃は、芥川は苦しんでおり、横光も仕事をし、中野は仕事を始めようとしていて、大岡昇平も文学青年として文壇を見つめている時代。日本文化の大きな転換期ですね。

古井　社会的な関心は、さすがにこなせてませんね、この小説では。無産者の有産者に対する怨《うら》みを、ここに持ち込むのはちょっと難しいでしょう。

踏切に立たなくてもいい時間に立って、止めずに放っておけばいいのを、鎖で止めるというようなところは、この作家の抱え込んでいるものと深く関わり合っているんだろうと思います。生々しく伝わってきますね。

大江　歩いていく人間を鎖で引き止めるのは、具体的に考えてみると、無理に決まっている。そういう無理な形を書いてみたいというのが、横光利一の、この小説の出発点にあったんでしょうね。

今でも若い評論家だと、フーコーの審判、デリダの審判とかを書きかねない。これは、日本の新しい文学と外国の政治思潮、社会思潮との出会い方ということで、ひとつのタイプを示しているんじゃないですか。

川端康成・あざといほどの力技

大江　川端康成が終戦直後に死に、横光利一が生き延びて文壇のリーダーになっていたら、どのように現代文学は違っただろうかと考えることがあります。ここに川端康成の「掌《てのひら》の小説三篇」として三つの短篇が選ばれていますが、はじめの一篇と後の二篇ははっきり違う時期のものですね。最初の「望遠鏡と電話」は、どうしようもない。後の二つは、川端さんらしい世界の中に入り込んでしまっているという感じのものです。

古井　つまり、川端さんはかつて、「望遠鏡と電話」のような作家であったわけですね。これが出発点なんです。これが川端康成の作品かと、ちょっと驚くんですが。

大江　「挿話」という作品は、戦争直後の雰囲気がよく出ていると思いますね。そして、「さざん花」となると、これはもう川端康成独自の世界です。最後に「戦争のためにこの世の光を見ないで失はれた子供達のことを私はふとあはれんで……」という感想がある。感想で小説を終えるという日本独特の形式、本当は文学として成立していないのではないかという疑いもある書き方を日本文壇の中心に置いた人のひとりが川端康成かも知れない。

古井　ただし、この「さざん花」のテーマは、翻訳しても立つテーマですね。旧約聖書なんかに出てくる滅亡の民。女が孕《はら》んでも空気しか産まない。女が孕まないというのが神の一番の劫罰《ごうばつ》だということで通ります。あらゆる宗教に通じるんじゃないかと思いました。

大江　しかし、外国語に翻訳するんだったら、最後の四行を翻訳者に消されてしまうと思うな。外国に自分の作品が訳される時、僕が興味を持つのは、特に短篇などが訳されて、ここはいらないと思うと翻訳者に言われると、それは僕個人の問題ではなくて、日本文学全体の問題として受け止めることができる場合があるからです。

そこから言うと、この「さざん花」という作品は、大作家川端康成が日本人にとっての最大の問題をとらえている作品だとも言えます。彼は政治的でも社会的でもないと言われたけれども、実は日本人の運命をよく見つめていて、それがこの作品に表現されている。しかも、隣に咲いているさざん花などは、日本人しかとらえられないような美的世界です。僕には、最後に自分の感想を述べて小説を終えるつくりは感心できない。しかし、本当に複雑な心理が書かれています。川端さんの言葉の表現は曖昧《あいまい》なんだけれども、深いことは深い。

古井　われわれ日本人読者も、今読んでいて分裂するところがありますね。敗戦ということのユニバーサルな形が出ている。そっちの方を注目して読んでいくと、いろんなものが落ちるんですよね。ところが、さまざまな心理の綾《あや》をたどって読んでいくと、どうしてもユニバーサルな形が読み取れなくなる。現在、文学愛好者が短篇を読んで、もっとも分裂するところじゃないですか。

大江　その通り。日本文学の独自性を感じると同時に、これから日本文学をつくっていく人たちの運命に対して、不安な感じもする。やりにくいんじゃないだろうかという気持ちがする。「さざん花」は、普遍性と日本の近代小説的という要素が二つ、両方とも表れている短篇です。

古井　世界的と言える短篇の形と、日本的な心理の綾を、その都度、力技で統合している。長い伝統の上でさらに自分の仕事をする場合、若い人の作品は明らかに分裂していますね。どっちにつこうか、迷ってますね。

大江　結論として言うべきことかと思いますが、古井さんの言われた力技は、必要なことなんですよ。そして今、短篇の名手と言われる人は、みんなあざといような力技の人であるということなんです。

古井　そうです。

大江　ところがその名手たちと話していると、みんな、それは力技ではない、絶妙な短篇が奇跡のように自然にできるんだと考えていられます。そんなことはない。ところが、現在の若い作家たちは、もっと上品で、あざといところがない。強引に結びつける力技を行って完成した短篇を一つ提出してみるという気持ちがないと思う。その点で、日本という不思議な国に生まれて、しかし普遍的な文学をつくらなきゃいけないという僕たちの運命をかれらは甘く見ているのじゃないかな。

古井　ここに三十五篇並べば、日本近代文学の短篇の伝統と言わざるをえません。でも、その共通項をとって、それを伝統として踏まえて小説を書いたらろくなものは出てこないです。そういう意味で、伝統ではないんですよ。

大江　それは何でしょうか。

古井　一回ごとがつながっている鎖のようなものですか。

大江　一回ごとに、追いつめられて力技を示してみせなきゃならない。客観的に言えば、われわれの文学は追いつめられているという状況を伝統としているのかも知れない。

尾崎《おざき》一雄《かずお》・手のこんだ私小説

大江　「こほろぎ」は、よくできている、美しい短篇ですね。もちろん文体も安定している。あの尾崎一雄ですから。

古井 それでも力技ではありますね。言葉は悪いですけども、強い手管を使っています。

大江 川端さんが「さざん花」の最後の四行で示す美意識や人生観を全面的に否定する小説なんですね。最後にK氏という人物が出てきますが、即《すなわ》ち川端康成。川端さんに対して、苦しんで生きている者として自分は書いてやろうといっている。Kにはお子さんもないだろうとまで言って、自分の立場をはっきりと主張するんですよ。強い人ですね。

古井 日記体を入れてますね。死にかけたということを書くのは、こういうふうに書けばいいんだなと、感服しました。

大江 尾崎さんは、死にかけたことを何度も書いていられるけど、常に新鮮に書く人です。私小説についてたかをくったようなことを言う人がいるし、たかをくったような私小説を自ら書く小説家もいますけれども、本当に良いものは手がこんでいるものなんですね。「こほろぎ」が、日記の文体を入れたり、回想を入れたり、論争的な文章を入れたりしているように。

古井 描けないものを周辺から、前後から、手法的に詰めていく。そこで手つきが見えるといけないわけですね。

川崎長太郎・高い純度の描写

大江　「夜の家にて」という川崎長太郎の小説。

古井　喚起力があるようなないような小説ですね（笑）。でも、つくづく、描写したい、その場面を書き表したいんだなという情念は伝わってきますね。

大江　その情念がどのように僕たちの目の前に提出されるかというと、場面が色濃く描かれる。無惨なことでもあるんですが、それをしっかり書くことが作家の使命であって、作家はちょっと普通の人間と違うという確信が、この作者と作中人物にあるんですね。

古井　無惨なことへの濃《こま》やかさが生命でしょう。描写の情念とか、描写の肉感というのはあるものですね。書けることはきちんと書いておかないと自分は生きる甲斐《かい》がない。

大江　日本の風俗小説として、こういう女性との関係を書くという書き方は、いまもずっと行われています。しかし、細部を無惨《むざん》でも色濃く書くことが俺の生き甲斐で、かつ死に甲斐だという覚悟の人はほかにないんです。川崎長太郎のファンとして抹香町ものを読んだという人に聞いてみると、同じようなことが反復されていると受け取っている場合が多いですけど、川崎長太郎は反復しない。特にこの短篇には、反復不可能なことが描かれています。

古井 描写というものがかなり純度高く出てますね。もう十年以上前に、若い詩人たちの中でアンケートを取ったら、作家としては川崎長太郎が一番票が集まったという話を聞いたことがあるんですが。

大江 僕は、そういうインテリたちが、川崎長太郎という人にたかをくくっていると思った。川崎長太郎の強い拒否の態度をよくとらえてない。これは危険な小説で、自分という作家について特権的な確信を持っているんですよ。

古井 あらゆる意味で切り詰まっていますね。これに変な贅肉《ぜいにく》がついたら、とても読むに耐えない。

大江 川崎長太郎の作品に全部贅肉がないとも僕は思わないけど、これは、特にいいものですね。

古井 この方向のものとしては行きつく先という感じがするんですけど。他の作家はこれを二度と試みてはいけないような。文章の乱れがどこにもないですよ。

林芙美子《はやしふみこ》・敗戦文学の好例

大江　林芙美子の「夜の蝙蝠傘《こうもりがさ》」。

古井　力強いですね。がっしりと書いてます。

大江　林芙美子という人は、若い頃、ダダイストとも付き合って、表現主義的な新しい文学運動を経験した詩人として出発した。それもあって、詩的なイメージとして、水際立っています。例えば、「埃《ほこり》をいつぱいかぶつた一本の脚が、軍靴をはいて旅をしつゞけてゐる。」脚のなくなった男がここにいるんです。イメージの確実さと、輝かしい何行かの間を散文で塗り込めていく力もあります。われわれ男性がかなわない、女性的な力強さがありますね。林芙美子という人を、現代の若い女流作家はよく学んで乗り越えるべきだと僕は思っています。

古井　僕は、敗戦文学の一つの良い例として挙げたい。これは、敗戦直後の人の姿を書いたばかりではなく、あの時期の雰囲気、あの動揺の中で、中年期にさしかかった作家がものを書く時、文章を強く、びっしりと詰めなきゃ立たないという意識、それが突出している。

大江 そのとおりですね。他の短篇で言えば「晩菊」がそうですし、長篇で言えば『浮雲』がそうです。

古井 万事荒涼の中で書く小説家ですね。

大江 戦後が日本の作家に緊張を強いて、戦後派も出てきた。昭和十年代に活躍した作家も、鉢巻を締めなおしていた。

古井 テーマは生き返りですね。結末は非常にいい。

永井《ながい》龍男《たつお》・死を前にしての日常

大江 林芙美子とひとつ違いにすぎないけれど、作品が書かれた時期がずっと飛ぶので変ってくる「青梅雨」。僕は永井龍男に対する高い評価に留保を持っています。もちろん、自分が逆立ちしても書くことのできない名手の仕事だとは思いますけど、乗り越えることのできない天才が書いた作品ではない。

古井 私も、一言で言うと、作家になるまでは大層敬愛していましたということですね。同じ作家になってみるとちょっと別な見方になってしまう。この場合でも、死の境の人間を書いているわけですね。そこにいろいろ日常のやりとりがあって、死の中につながっていく。死を前にするとほとんど無意味になるはずの日常のやりとり。それに、意味があり同時に無意味になるという機微がある。そう努めて書いておられるけれど、あまり得心がいきません。

大江　納得した上で、そういうことを書いてやろうと思われたんでしょう。しかし、書こうと思わないんだけれども、最後に出てしまうのが最良の短篇なんじゃないか。

古井　意図を忖度《そんたく》すると、無意味になる日常のやりとりがかえって死というものを照らすというふうに読むんです。そこで、傑作と取れる可能性もある。でも、その手ざわりのある会話かどうか、僕にはわからないですね。

堀辰雄《ほりたつお》・近代文学の上澄み

大江　堀辰雄は、永井さんと同じ年の生まれでしょう。その「ふるさとびと──或《ある》素描

――」という作品。ヨーロッパ文学を勉強して、趣味がよくて観察力があり、特別な別荘地の生活が長くて、書くこともある、という人が書いた小説ですね。さて、それ以上のものか。

古井　『破戒』と『蒲団《ふとん》』から勃興した明治から、この作品の昭和十八年までの上澄みがきれいに出た、という感じはしますね。形は自然主義的な客観小説ですから。難しいな。短篇でも、読者をどこか得心させなきゃなりませんね。人に得心をもたらすいろいろな手法はあるし、落としどころはある。これは書き手と読者の勝負みたいなものですよね。この作品には、得心点がない。

大江　かなり高度な文学サロンで流通しそうな感じ。それを疑わない態度は、堀辰雄の影響を受けた人たちに共通して持ち堪《こた》えられています。

古井　「おえふは、まだ四十にもならないうちに、こんなこだはらない気もちで、自分の若い日のことが思ひ出されようとは思ひも及ばぬ事だつた。」これは説明で、作品としての得心点じゃないですね。

それから、小屋に泊まった男女がいろいろと諍《いさか》いを繰り返したらしい。その一端に触れてきたおえふが戻ってくる。その時にはじめて、女主人公のおえふの顔が「いつになく老《ふ》けて見えた。」これも落としどころになっていません。すさんだ男女の生活を見て、何か思いがけない思いに満たされたというだけでは困る。ここで一ぺんに老けて見えるというのは大事なところなんですけどね。

大江　文章が終わった後に、「……」がありますね。僕は、句点を打った後で「……」とすることには問題があると思うんです。自分でやったこともありますけど。余韻を残すわけですが、そういう書き方は、短篇の書き方ではないし、長篇の書き方でもない。即ち文学の書き方ではないのではないか。しかしわが国の一時代にこういう作家がいて、こういうスタイルがあったというはっきりした証拠ですね。

円地文子・上品で生々しい

大江　「花食い姥《うば》」、円地文子。

古井　上品にお書きになって、しかも生々しいですね。

大江　二人の老女が出てきて、どちらがどっちだかわからない。まあ、二人が一人で、つまり「花食い姥」なんでしょう。それと、青春の円地さんの文化生活、文学生活がからんでいる。細部もすべてくっきり描かれている。しかし、林芙美子が七十歳まで生き延びれば、こんなふうではなかっただろうという気もするんです。その点、優劣という意味ではなしに、円地文子と林芙美子との違いを感じます。

古井　読み手としては、もっぱら享受《きょうじゅ》するための小説ですね。

井上靖《いのうえやすし》・最良の説教

大江　井上靖「道」はどうですか。僕は、いま刊行中の全集をかなり読んでいるんです。このようにエッセイのように書かれている作品ではないもので、通俗的な感じはあるけれども、短篇としてよくできたものがあると思いますね。

古井　うーん。これは、どうでしょうか。

大江　日本の作家には文壇的に偉くなるということがあるんじゃないですか。偉くなって、高いところに立って、エッセイ的なことを講釈するとみんなが平伏するというところがある。それは面白くても文学ではないと思います。

古井　ただ、そうすると、日本語がよくついてきて、不思議にうまい文章が書けちゃうんですね。

大江　日本人は、基本的に小説家を信じてないんだけれども、相手が偉そうなことを言い始めると、その人を頼りにして名士扱いするところがある。
古井　まあ、今に残っている説教の口調では最良のものなんじゃないですか。
大江　しかし、川崎長太郎、牧野信一、葛西善蔵、林芙美子、尾崎一雄というような人たちは決して説教しないで生きていこうと考えている。
古井　ドイツ文学でも、説教は一つの大きな流れなんですよ。日本の説教は頭から人を得心させていくという体の説教でしょう。相手に何かを提示して、その点に関して、否定から肯定に行くという、そのような展開はない説教ですね。日本語のある良質な長い伝統ですが、それを政治など他の分野はほとんどないがしろにしてきた。それを、いわゆる大家と言われる文士たちが開花させてきた。谷崎の幾つかの小説と似通うところがあるんじゃありませんか。
大江　谷崎潤一郎は利口だから、人に説教して足をすくわれるようなことはしないですが。ドイツの古典では、マイスター・エックハルトにしても、説教とはいえ、野に叫ぶ人というか、危険な人物が危険な深みの中に入り込んでみせる。
古井　論理を危険な、否定のすれすれまで持っていって肯定へ戻すんです。弁証法の極致で不可思議な展開が起こる。弁証法であり、社会的弁明でもあります。いずれ異端の疑いをかけられる人であるにもかかわらず、修道女たちを異端から善導する役割を持っている人間ですから、微妙な立場なんです。

大江 それに対して、わが大家たちは、みんな落ちついているし、追いつめられていない人たちですね。

大岡昇平・女性への特別な感情

大江 「焚火《たきび》」は大岡昇平の作品ですが、大岡さんとしてあまりいい作品じゃないと思います。

古井 だいぶ俗な表現に食い込まれてしまいましたね。最後に手応《てごた》えを失っています。

大江 大岡さんには、女性に対する特別な感情があるんですよ。哀れな、しかし死にもの狂いで生きる女性に対する深い同情というか。それはここにも感じられます。しかし大岡さんの文体は、これと違うと思うんですよ。女性の告白の口調は、大岡さんの文体となじまないな。

古井　一応大岡さんの文体ですが、その文体にはふさわしくないことを書いてますね。

大江　近代文学の百年を見渡しても、あれだけ文体を一挙に確立した人はいないと思います。それだからこそ、こういう文章も書きたかったのかもしれませんけれど。

太宰治《だざいおさむ》・西鶴《さいかく》と結ぶ意味

大江　こちらはいかにも自分の文体で、言いたいことを言っているのが、太宰治の「新釈諸国噺《しょこくばなし》」。

古井　僕は、太宰は、戦後の短い期間の小説を最高のものとしますんで、これは一時待避という感じに読めます。

大江　昭和十九年の作品。

古井　いかにも聡明《そうめい》な線ですね。太宰という人は、戦後の印象が強烈ですが、戦前にもう一家をなした、作家として完成された人が、戦後にあのようにもう一度打ち出す面白さがある。戦中こんな風に待避していた一人の才能ある作家が、戦後いかにあぶり出されてきたかというほうへ興味が行きますね。

大江　太宰治は昭和十年代にはもうプロ中のプロの作家で、文体についても反省を重ねてきています。戦後に花開いたものとして太宰治の文体を若い文学青年が真似《まね》ても、まったく成功しません。ほんの少したがが狂うと、どうにもしようのなくなる文体です。西鶴と結んである点でも、この短篇には意味があると思います。日本の近代文学を考える上で、西鶴や上田秋成と結ぶことをしないでずっと来ました。僕は特に西鶴と結ぶ必要があると思う。

古井　好色物には興味を持たないとはっきり宣言しているところは面白いですね。

大江　太宰は、西鶴の長篇より短篇が優れていると考えているんじゃないですか。僕は、西鶴は中篇が優れていると思います。『好色五人女』をはじめ、みんなほんとうによくできています。

古井　この形でヨーロッパの短篇、あるいはコントを実現しようとしたところもあるんじゃないでしょうか。こういう古い題材を使わないとできないですから。どこかで芥川を思っていた人でしょう。

大江　あわせて芥川と自分とを比べて、素人《しろうと》と玄人《くろうと》という気持ちもあったでしょうね。大岡昇平と太宰治は同じ歳《とし》なんですね。作家の全体として大岡さんのほうが偉大だと思いますけど、短篇の巧みさということでは太宰治は傑出している人ですね。外国でも若い人にもこの人は、日本文学の流れとまた別のところで理解され、評価されてという感じがあるでしょう。しかし僕は、もう一度この国の文学史の中に置いて見てどうかということを思うんですが。

古井 日本文学の神話的な要素、民俗的な要素ということを考えると、太宰は重大な例になるでしょう。「ヴィヨンの妻」は、一見そう見えないけど、神話的な広がりがありますね、敗戦の神話として。

大江 敗戦の神話ということは重要なことですね。戦後は神話的な時代だったんですね。

檀《だん》一雄《かずお》・十分に書かない人

大江 「母」という、檀一雄の小説ですが。

古井 これをつくづく面白いと感じながら読むのは、小説の読み方なのか、難しいところですね。檀さんという人柄や、いろいろな土地を思い合わせると、十分に書かれていないだけ、余計にいろいろとこだわって引き込まれる。

大江　檀一雄は、どういうわけか十分に書かない人ですね。この小説の最後のところも十分に書いてないですよ。「私は知つてゐたが、一切関知することをやめた。」という文章が彼の文学の性格を示していると思います。「すると思ひがけぬ静かな睡眠に誘ひこまれてゆくのである。」という現在形の、判断停止めいた使い方。彼は、『火宅の人』も含めて、一生ひとつの文体家ですね。これが小説家の文体の選び方として正しいかどうか。とくにこうやって現在形で書くと、俺が今こうだから、その後どうなったかとかいうことについては責任を持たないというか、聞かないでくれというところが強調される。

古井　崩れることに対する強い拒絶がありますね。頽廃《たいはい》とか堕落とかに対する。拒絶の仕方が一歩早いんですね。追い込まれてからだんだん抜けてゆくと、そこから何か出るんだけど。

大江　牧野信一と違い、葛西善蔵と違いますね。

古井　非常に潔癖な人だと思って読みました。

大江　幼年時、少年時にいろいろありながら、育ちのいい人なんですね。

武田泰淳《たけだたいじゅん》・戦後最大の課題

大江　「汝《なんじ》の母を！」という小説。武田泰淳が戦後作家を代表する一人であるということは確実です。ただ、その独特さに、小説の形式そのものを否定するようなところもある。

古井　この短篇は、許せるか許せないかの境目ですね。非常に悪い言葉になりますけど、この作家のどこかにのぞきがあるんじゃないか。それを克服できているだろうか。

大江　あなたが言われたことは、金属の棒で武田泰淳をひっぱたくような批評ですが、確かに小説を書く上で、のぞきをする人間のアリバイも示してるところが、あまり尊敬できない。例えばこういう一行がある。「後の光景を、私は目撃しなかった。」全然見なかったわけではないが、ほとんど見なかった。」この小説には大きい問題が提出されている。戦後最大の課題の一つですね。ところが後、母と子の対話体にしてしまいます。小説家として問題を確実に受け止めようとしていない。途中で放棄してしまわざるをえないほど大きな問題を抱え込んでしまう点が、武田泰淳の、他に比べることのできない独自性ですけれど。

古井 自戒として、見るとか見たということを引き受けるのは大変なことですね。この後始末は容易にはつかない。

島尾敏雄《しまおとしお》・息継ぎのない文体

大江 傍観者じゃなくて、実際、自分が戦争のただ中に入り込んでいることを書いた島尾敏雄の「湾内の入江で」。

古井 島尾さんという方は、これまで、この目次でも三十篇ぐらいの短篇が並んでいますが、その短篇の呼吸を全然無視している人ですね。

大江 呼吸がないんじゃないですか。

古井 それが島尾さんの何かの必然なんですね。

大江 島尾さんの最初の頃の短篇は、むしろ柔軟な呼吸がなまに出ているような作品でした。改行もしばしばあれば、行と行との間に風が吹いてるような感じがする作品だった。それがこれは確実に足場を固めて、全体を油絵のように塗りつめていく。それも油絵のようなギラギラした感じではなくて。そういう特別な仕方を彼は作ってゆき、こういう事態に至ったんですね。それにしても特攻隊を、このような形で確実にとらえていく。そういう小説は他にない。

古井　この文章がこのテーマには相応《ふさわ》しいんでしょうね。

大江　僕は島尾さんならば、初期のシュールレアリスムの短篇がいいと思う。

古井　これは想起、想《おも》い起こすことの緊張が過度に働いているんでしょうね。なまの記憶の断片が果てしなく出てきて、さらにどんな恐ろしいものを引っ張り出してくるかわからない。息継ぎをすると危ない小説なんですよね。

大江　この連作では、「湾内の入江で」の次の短篇くらいにそういう危ないところが外に出てくるんです。人間が崩れていくということ、精神的にも肉体的にもすべて崩壊していく崩れについて書いています。

古井　これを読んでいましてね、肉体的な反応ですけど、手術の前前日あたりの心境を思い浮かべましたよ。

大江　小説は、生死の問題について大切なことを書かなければいけないものだけれども、一番苦しいことってあまり書かないものでもあるのじゃないかな。つまり作家は呑気坊主《のんきぼうず》でずっと生きているんですよ。島尾さんは、さあ、出会いましょうと言ってほんとうに恐ろしいものに出会ってしまうような、秩序立てた、恐ろしいものの書き方ですね。

安部公房《あべこうぼう》・寓話性《ぐうわせい》と具体性

大江　「闖入者《ちんにゅうしゃ》―手記とエピローグ―」。僕は、これを若い頃に読んで、本の装丁も憶《おぼ》えているくらい、とても感心して、それからずっと安部公房のファンです。実にうまい着想で、それが単なる寓話にならないように、かなり具体性もおびさせて、戦後的な気配を漂わせながら進行していく。しかし最後には、その進行でうまくいかなくなる。エピローグまでくると、結局、安部さんがこの時代によく書いた作品の幾つかの寓話的なものと近づいてしまう。彼自身、それがどうも不満だったんじゃないか。そこで、彼の最大の傑作と言っていい芝居、「友達」を書いて、最後に行きつくところまで行きつかせたのだと思います。

古井　僕は、主人公の危機の中へ、こういう引っ張り込まれ方をするのはあまり好きじゃないんです。神経がいらいらする。ところがカフカは辿《たど》れるんです。安部さんには、読者を立ち止まらせないところがあります。次から次に、ある方向へ引っ張っていく。

大江　嘘《うそ》くさいんでしょうか。カフカはまったく嘘くさくない。

古井　どんどん按配《あんばい》が過剰になっていく流れですよね。この主人公の危機が量的にひどくなっていく一方で、質的に深まっていかないからじゃないかしら。

大江　だから、小説として終わらないんですね。芝居の主題は、この小説の危機というものと違う、もうちょっと別のものですね。共同生活をすることがどういう意味かということを、芝居では探究していく。しかし、安部公房に天才的な才能のあることは明らかですね。

吉行淳之介《よしゆきじゅんのすけ》・時代のイコン

大江　安部さんと同じ年の生れの吉行淳之介の短篇、「夜の警官」。

古井　短篇として挙げるのに適切かどうか。

大江 『夕暮まで』の連作の中では、短篇的な展開がどれより豊かに盛り込まれている。しかも短いもの。そこでこれが選ばれたんじゃないかと思います。

古井 戦後の文学が追ってきたエロティシズムがあって、吉行さんがこれを書かれた時にも、この時期のエロティックな興奮があった。それをはずして読むと、今、どうでしょうね。ずいぶん枯れて読めるんじゃないかな。

大江 女と会うことを全存在の問題とする川崎長太郎に比べれば、吉行さんの小説は、すべての切実さが、一枚一枚皮が剝《は》げてゆくふうですね。吉行さん自身、ほんとうの切実さなんて、自分は表現しようと思っていないと言われたかもしれません。

古井 しかし、短篇として取られたこの部分、完全に映像化できませんか。正宗白鳥の「口入宿」が舞台を念頭に置いていると言ったのと、遠隔的な関係にありますが。『夕暮まで』全体はちょっと別ですけど。

大江 映像化してしまうと、やはり抜け落ちるようなものもあるでしょう。また作者がかなり恣意的《しいてき》に書いていて、文章の上では納得できても、映像化してみると、そんなこと誰が認めるかというところがありそうですね。上級の文章ですけど、思わせぶりなところもあるんですね。文学の条件として、それはいいとはいえない。

古井さんが言われたのは、これを読んで、かつては強いエロティシズムを受けとめさせる力があったけれども、現在ではそれが希薄になっているということじゃないか。こういうことを書いて何になるっていう気持ちがおありなんじゃないですか。僕は、自分の過去の小説について、こういうことを書いて何になるとよく思うんですよ。葛西善蔵に対してはそう思わないし、尾崎一雄、牧野信一にも、そう思いませんが。もしかしたら、それは現代文学の重要な問題かもしれません。

古井　まあ、古今東西、それぞれの時代の心象というものを図像化していくという営みがあるわけです。そういうものとして見ると見事なものなのかもしれません。非常に斬新《ざんしん》に見えたけど、時代を隔てて見ると、イコンみたいなものかもしれないです。イコンだと、作者が、これは自分の作品ではありません、と言えるんです。

三島由紀夫・俗に通じる難しさ

大江　「百万円煎餅《せんべい》」という三島由紀夫の作品もイコンみたいなところがありませんか。ハイソサエティのインテリである三島さんにとって、デパートで時間をつぶして、百万円煎餅を食って、性交の見世物をやりに行くという人間は面白かったでしょう。

しかし、一般の読者から言えば、最初から話の底は割れていますね。

古井　昭和三十五年、一九六〇年の作品ですか。

大江　長すぎるんじゃないか、このテーマだと。

古井　これは三島さんの文章かな……。

大江　あるいは三島由紀夫的な文体じゃない文体を考えようとしていられたのか。「雨のなかの噴水」などの新しい試みがあって、しかし結局は「橋づくし」のように、擬古典主義のような作品の成功に落着かれた。

古井　周囲の評価というのもずいぶん問題があるんでしょうね。芥川の時に言いましたけど、三島さんの場合も。

大江　早くから大家になってしまうとどうなるかということがありますね。しかし、大衆は三島さんに、この小説を求めてはいなかったのではないか。

古井　三島さんの中で、この作品が評価を受けるという土壌は日本の文学の中にありますね。形を崩してくると、ようやくリアリティが見えてきたというような。

大江　リアリティにも二種類あると思うんですね。安心して納得するリアリティと、こちらがうちひしがれるようなリアリティと。これは、人が納得するリアリティかもしれませんが、存在を揺るがすようなリアリティではない。

古井 もう一つ、気安く人は通俗的というものを、否定の言葉として使うけど、俗に通じるぐらい難しいことないですね。われわれは断念したほうがいいんじゃないかと思うぐらい。三島さんのは俗に通じてませんね、やっぱり。

色川武大《いろかわたけひろ》・日本の短篇の泣き所

大江 色川武大の「百」。

古井 これはそれまでの日本の短篇小説の成果と我儘《わがまま》をいっぱいに使ったような小説ですね。

大江 時々そういう人がいるんです。脇道《わきみち》からちょっと入り込んで、大成功するというタイプ。

古井 作家の認識、あるいは作品の認識を、文学はもちろん求めるわけですね。しかし、これを全面的に信用した時に、文学作品は崩れるんじゃないか。「百」は非常に堅固な小説的な手法で、この老父の姿をきっぱり描いてしまった。この老父が、この息子達との関係の中でこういう人間になったというところに目が行っていないですね。

文章が達者のあまり、ひとつの姿を書いてしまった。長い伝統を持った日本の短篇小説の泣き所がよく出ています。

大江　父親という対象を書いていくと、それを書いている「私」も確実に伝わっていくのが文学です。この場合は、「私」がいつまでもあいまいな感じ。

古井　父親の存在が現在の自分をつくったという方向で書いてますね。しかし、自分の存在が現在の父親をつくったという方向には行きません。

大江　いろんな点で安岡章太郎と色川武大は似ているところがあると思うんです。ところが安岡さんは、やはり自分を突きつめていかれるんですね。結局は、それこそ自分の存在が父親をつくった、あるいは父親を滅ぼしたという方向に行っている。母親についても。その点が、安岡さんの持久力、恒久性というものだと思うんです。

古井　「私」がまだ不良少年にとどまっていますね。

大江　そうなんですよ。無責任な読者は、不良少年的な振舞いをする人が好きでしょう。ところが、その人に会ってみると、実にまじめな人だったりしてがっかりするという。不良少年は、やはり一個の作家として生涯を終えるに足る自己表現じゃないですよ。

開高健・観察と分析

大江　開高健の「一日」ですが。
古井　僕は大層感銘を受けて読みました。これは、三十五篇の中で一番新しい作品なんです。昭和六十三年。
大江　ヨーロッパの詩の歴史を見ていると、マラルメにしてもヴァレリーにしても、一つのタイプとして、観察と分析の合体というように思います。開高さんは、たとえば湯麵《タンメン》がおいしくて、炒麵《チャーメン》はだめだという。「これが何故《なぜ》なのか、これから日をかけて観察と分析にふけりたいと思っている。」開高さんは観察と分析ということをしようとした。今どきの人には少ないですよ。それがプラスの面。それから、反対意見もあるでしょうけど、開高さんは、小説の物語をつくる才能がなかった人じゃないかと思う。
古井　際立《きわだ》ってあった人とは思えません。
大江　全然ないとはもちろん言いませんが、観察の力、分析の力、文章をカラフルに書く力に比べると、嘘の物語をつくるという能力においてすぐれているとは言えなかった。それが、彼が一生、小説が書けない書けないと言ってた唯一《ゆいいつ》の理由なんです。僕は、それが不思議。話してみると、いつも面白い話をどんどんする人なのに。

古井　気前よく出していくところが、結局、物語をつくるのを妨げたんじゃないかしら。抑えながら抑えながら運んでいくということはなさらなかった人で、気性的にそれを潔《いさぎよ》しとは思われなかったのでしょう。

大江　物語には、弁証法と言わないまでも、ある展開がなければならない。それ自体で展開する嘘をつくることが、物語をつくるということで、それが開高さんには向かなかったのかもしれないな。その点、一日に凝縮して観察と分析をそこに打ち込んでいく、朝から眠るまでを書くというのは、彼にとって非常にジャスト・ミートした形式だったかもしれませんね。

古井　観察と分析の興味の最終的な対象は何か、ちょっとこれを読んで考えたんですけど。ここでは、自分の恐怖を観察し分析していますね。開高さんの根源的なテーマは、これだったんじゃないかしら。

大江　自分の根本的なテーマを最後に書いたわけですね。立派な作家の生涯でしょう。

古井　しぶとい生涯ですね。

中上健次・戦後世代の文学的イデア

大江　「重力の都」で締めくくることになりますが、僕、これに感心しないんですよ。中上健次という作家は、もっといい短篇が書ける人だったのじゃないか。いつの頃からか中上健次伝説をなぞるような小説を、荒っぽく書くようになった。

古井　僕は間合いが狂っているように思います。少し言葉が急ぎすぎているのかな。

大江　僕ら小説を書いてきた人間として、単純明快に言えることは、書いてしまってからでいい、ゲラ刷りでいいから、二日完全に直せば、高度に修正ができるということですね。それを直接いったこともあるけれど。

古井　文章にアクセントがきちんとついてませんね。

大江　「岬」のような、成功した第一次の最盛期の文章はメリハリがあって、しっかり書かれているんですけど、それから後は次第に、こういうタイプの書き方になっていった。

古井　中上健次は、音が生命という作家ですから、音韻が狂ってくると、もう少したっぷりと書けるところまでが詰まってくる。順々に狂いをきたしてきて、文章のメリハリがなくなってしまう。とにかく現代の作家は音痴になりやすいですから。

大江 小説家にとって何が重要か、それは時間だ、と僕は言いたい気がします、いつまでも。

古井 文学的な、非常に強いイデアがあるんですよね。それに迫ってはいますね。

大江 確かにこの「重力の都」という作品が一つあるということは、やはり、この百年の文学の中で、戦後世代が九回裏に一点加点するということですね。

短篇小説からの出発

大江 さて全体を見終って、言っておきたいことがあるんです。百年間の近代文学の歴史は、これらの三十五篇の短篇を読んでみても把握できます。日本文学の長所も弱点も率直にあらわれている。そのなかで、敗戦直後十年の作品は非常にいいと思う。それから後の四十年を、われわれは必ずしも楽観できないんじゃないか。これからの作家は、この次へと、自分たちの短篇の世界を構築していかなければならない。生半可な覚悟では、確実なものを上に積み重ねて日本の文学を普遍的なものにすることができないんじゃないか。僕はむしろ危機感を持って、この三十五篇を読み終えました。自分自身も含めてですし、古井さんも自分は無関係だとは言われないでしょう。

古井　近代日本文学の日本語というのは、非常に強くしぶとい。どんな状況でも見事な短篇をその都度つくり出すという力がある。しかし、何分にも、言語の闘争は経ていない。外国語とのバイリンガル的な闘争もない。言語を無化していくものとの闘争もまだ経ていない。ひょっとしたらこれからだろうと思います。いよいよ言語を殺すような動きがもう具体的に上程されてきたし、ずいぶん強い力を持ってきた。その闘争を経ると、この短篇が全部すくい上げられるんじゃないか。

大江　言語、あるいは散文が緊張している時代は、なにより短篇小説作家たちが尊敬され、一目置かれる時代です。そして、同時代の批評家を見ても、呑気坊主なことを言っていられない時代。しかし、今、批評家に対して、きみの散文の表現は、われわれ小説家の散文による思考に比べて幼稚であるということを言い、それを批評家からまた打ち返される、そういうような緊張関係はないんじゃないかと思う。そうすると、やはり若い作家はあらためて短篇から出発すべきだ。短篇の文章の緊迫を復活して、日本の文学、表現の世界を再建する必要があるんじゃないか。そうすれば、あらためて短篇の問題は批評家の問題ともなると思うんです。

古井　言葉がぼろぼろに崩れがちな時代ですし、これは敗戦に劣らぬ文学の危機ですね。短篇が徳俵かもしれませんね、相撲で言うと。先人が築いて行ってくれた徳俵。

大江　徳俵はあっても、相撲を取る人がいなくなったらしようがないんだから（笑）。

（「新潮」一九九六年七月臨時増刊「新潮名作選百年の文学」）

詩を読む、時を眺める

なぜ外国詩がわからないのか

大江　お互い、文学の仕事をはじめてから五十年近く生きてきましたが、古井さんと私で違うのは、やはり古井さんは大学を卒業してから作家としてデビューされるまでの十年間が充実していることです。

古井　充実というよりも楽をしました。

大江　小説を書き始める前に、ドイツ文学者として金沢大学や立教大学で教えたり、ヘルマン・ブロッホの『誘惑者』やロベルト・ムージルの『愛の完成　静かなヴェロニカの誘惑』の翻訳をされたりした。日本の優秀な外国文学研究の伝統の中で勉強されたので、本の読み方が玄人《くろうと》になっている。とくに詩の読み方がはっきり違っている。

それに比べると、私は結局、本の読み方の玄人になることができなかった。外国語の本は毎日のように読みますけど、私には散文しかわからない。一番よくわかるのがエドワード・サイードやノーム・チョムスキーが書いた論文で、次が小説で、それに比較することで、自分には外国語の詩が根本的にわからないところがあるのを実感します。そこで、具体的に私は詩を翻訳できません。

ところが、『詩への小路』（書肆山田刊、二〇〇六年）を読むと、古井さんはまず詩の翻訳をめざしながら、この言葉でこのように訳していいかと常に自他に問いかけられる。とくに古井さんご自身、小説家という実作者だから、自分はこのように発想できないが、なぜだろうと自身に懐疑を向けていられる。その点については、ことさら古井さんの気持ちが私にはよく理解できると思います。それで今日はこの本を手がかりに、外国詩を読むことについてお話を伺いたいと思ってきました。

古井　外国文学研究者になって十年目にもなると、「これだけやっても自分には外国語が読めない」と絶望する時期があります。とくに絶望を誘うのが詩なんですね。振り返ると僕もちょうど十年ぐらいで大学をやめている。

なぜ外国詩がわからないのか。まず第一には、単純に文化体系や言語体系が違う国の人間が読んでも、そのよさが伝わりにくい。第二に、音韻がつかみにくい。詩ですから意味を音韻に乗せて展開させるわけですが、外国の詩だとそれがつかめない。その証拠に、いいと思って、さて暗唱しようとするとできないことが多いのです。第三に、外国語の詩を読むというのは「行為」なんです。ある瞬間だけに成立する運動行為なので、それなりに感動したとしても、本をパタッと閉じると言葉が頭の中で散ってしまう。『詩への小路』の中でも、訳した後に自分の訳文を読むと原文の呼吸がわからなくなったりしました。それにまた、小説家が詩を読むとなると、小説家としての呼吸というものがあって、とかく詩の波長とすこしずつずれる。小説家が詩を読むこと自体の難しさもあるのだと思います。いずれにしても僕も同じで外国語の詩は難しい。

マラルメ、リルケの大きい路

大江　『詩への小路』は扱われる詩人の選び方が、つまりはあなたが生涯に詩を読んでこられた道筋を辿《たど》りなおすように、絶妙に出来ています。小路というより大きい路がそこにあるように書かれています。とくに強くきわだっているのが、ステファヌ・

マラルメとライナー・マリア・リルケ。

さらに、私ら仏文学をアマチュアとして読んできた者に、わが愛するボードレールとマラルメとのあいだに新しい橋が架けられているのがわかります。私はボードレールを阿部良雄《あべよしお》氏の研究を頼りにして三年ほど読みました。そして今、もう少しで『水死』という自分の、終わりの仕事に近いものが完成するのですが、終わって晩年の時間が残っていたらマラルメを読もうと思っていました。というのは、清水徹《とおる》氏の長年の研究が実った『マラルメ全集』の「1」詩の巻の訳稿がそろってきていて、御存知のように二〇一〇年に刊行されるようです。これを期に、今までおもに英語の詩にそくしてやってきた仕方でフランス語の詩を集中的に読み始めておけば、清水さんのお力で、自分にもマラルメが読めるんじゃないかと考えていたところでした。

そこであらためてこの本を再読していたら、「無限船と破船」の章に、ヴァスコ・ダ・ガマに対峙《たいじ》させるべきマラルメという構図で、マラルメの巨大さが明瞭《めいりょう》にわかるように書かれているのに改めて気付きました。その仕組みが効果的で、海に乗り出すことの暗喩《あんゆ》をもとに比較されたのだと思いますが、この文章を読むとマラルメがヴァスコ・ダ・ガマに劣らぬ骨格の変革者だったと納得がいく。しかも時代年表で二人の人生を対照してみると、両者を結ぶ端的な道が浮かぶ。かつて、マラルメをそんな波風の荒いところに引き出した研究者はいなかったんじゃないでしょうか。なるほど、この本は古井さんの書かれた西欧の詩の通史なんだと思い、肩を押される気持ちになりました。

古井　ありがたい感想です。

大江　またこの本で、十七世紀のドイツに、あなたは当然としても、私などが関心を持つ詩人が現れた時代があったことにも驚きました。私はグリンメルスハウゼンというバロック文学の小説家が好きなのですが、文学史的にはどこから出てきたのかわからない人と思ってました。ところが、この本で古井さんの訳されたグリンメルスハウゼンの詩を読んでみると、あの独自な小説家が詩の言葉のうえで同世代の人たちや伝統とつながっていたことがわかった。「三十年戦争の間に少年期を送った人である」という古井さんの地の文にも後押しされました。

もう一人がバロック文学の代表的詩人と若い頃のあなたが教えられたというアンドレアス・グリュウフィウス。私も昔、対訳のアンソロジーをアメリカの大学の図書館でドイツ語と英語で読んで、この人は偉い人に違いないけど、よくわからない、と感じた記憶があります。

グリュウフィウスを扱われている「鳴き出でよ」の章のあなたの地の文を読むと、「この詩の、この言葉である。読む者はこの年だ。」「無常を伝える詩とは人の心をまた、浮き立たせるものではないのか。」「しかし骨身に寒くて、妙に心地良いことは、近頃入院を度重ねている者として、ひとしおである。」という文章があり、その後に、《時の奪い去った年々は　わたしのものではない。》と始まる四行詩が訳出されている。それを読んで私は、古井さんはどうも若い時にグリュウフィウスの詩に出会い、それをきっかけに詩の専門家になることを断念されたのではないかという気がしました。それはもう少し時代は下がるけれど、「ドイツ最大の女流詩人とも仰がれた」と書いてあるアンネッテ・フォン・ドロステ＝ヒュルスホフの詩の訳をひとつ読んでも同じ気がしたんですが。

古井　読んでいてお気づきになったかと思いますが、若い頃私はドイツ文学者だったので、アンネッテ・フォン・ドロステ＝ヒュルスホフやアンドレアス・グリュウフィウスといった詩人を知ってはいました。で、少しは読んだけれど、当時は彼らの詩とは付き合いたくないと思って避けていた。『詩への小路』は、そういう詩人と、病気をしてからまた巡り合ったことで始まった仕事なんです。

今回も最初は遠慮しいしい、まあ、そのへんの道に何だか祠《ほこら》があるからちょっとお参りしておくかというぐらいの気持ちで十七世紀ドイツの詩人を訪ねたわけだけど、扱うからにはやっぱり翻訳しないと読者に通じないでしょう。だから、もう歯をくいしばって翻訳しているうちに、大江さんもお書きになってるけど、いろいろな人の訳詩を読みたくなってきた。並べ読んで、その間に日本語の表現の可能性を探るという心ですか。わずかでしたが手もとにあった訳詩を読みながら、自分でも幾様にも訳して、そのうちに私の使える日本語の限界が見えてくる。その断念の中でようやく形となったのがあの訳詩なんです。

それから、ボードレールやマラルメに関してですが、これに初めて取り組んだのは還暦の手前なんですよ。これも病気をしたせいもあるだろうけど、私が表現者として自分なりの明快さを求めたのがきっかけだったかなと思います。明快さといえば思い出すのは、八七年に「中山坂」で川端康成文学賞をいただいた時のスピーチで、選考委員に大江さんもいらっしゃったので、「私の小説を皆さん難解だというけど、自分では明快だと思っています、大江さんに劣らず」と言ったら満場爆笑となりました(笑)。明快さにもいろいろあるわけで、私もそれなりの明快さを目指しているわけです。マラルメを読んでも、最初はどう読めばいいのかわからなかった。それが、明快と混沌《こんとん》が表裏だということをつかみだしたら、なんとか読めるようになったので、面白くなって、一、二年の間読んでいました。

大江　この本の後半は、ライナー・マリア・リルケの『ドゥイノの悲歌』の訳文が中心になります。リルケの作品は、フランス語でもよく理解できるように翻訳されているので、今までフランス語と日本語で『ドゥイノの悲歌』の第一歌から第十歌を読んできたのですが、今回の古井さんの翻訳を読んで、こんなに構造的に展開のある詩なのだということをはじめて感じとりました。

古井　とても構造的な詩です。

大江　構造的であるがゆえに、最初のほうの天使に呼びかけようとする美しい姿勢が、哄笑《こうしょう》や嘆き、拒絶に反転していく。『ドゥイノの悲歌』の構造自体が、『詩への小路』のボードレールからマラルメという流れの捉《とら》え方と重なってる気までしました。

老年の明晰《めいせき》さ

大江　先ほど私がその名にだけふれたグリュウフィウスは、古井さんによるコメントと長い詩の訳がふくまれているわけですが、同じ章にかれの「時を眺める」という四行詩が訳されています。こちらも長い詩におとらず、素晴らしい詩でした。

時の奪い去った年々は　わたしのものではない。
これから来るだろう年々も　わたしのものではない。
瞬間はわたしのものだ。瞬間を深く想うならば、
年と永遠とを創られた御方は　わたしのものだ。

今現在この詩を読んでいるという行為がある。過去の言葉の歴史があり、将来の展望もあるのだけど、この詩を読んでいる時が現在なのであり、この現在だけが私らの取り扱える唯一のものである。ところが、その詩を読んでいる現在はすぐに消えてしまってわからなくなる。そのあとにまた歴史と永遠があると考えておかなければいけない。

そう解釈してこの詩を読み、自分にとってあと五年間ぐらいしか本をちゃんと読める時間がないとしたら、残り時間で読むべきものは詩なのではないかと考えました。でも、今さら詩の歴史を勉強しても追いつかない。きっと詩を読んでいる今現在の時間だけを楽しんで、その日暮らし的に終るのではないかとは思う。それでも今、そう

いう方向で自分の晩年の、読書の方針を固めたいという気持ちを持っています。

古井　リルケの『ドゥイノの悲歌』の第一歌に、《美しきものは恐ろしきものの発端にほかならず、ここまではまだわれわれにも堪えられる（領域である）。われわれが美しきものを称讃するのは、美がわれわれを、滅ぼしもせずに打ち棄ててかえりみぬ、その限りのことなのだ。》とあります。これが僕にとってのこの『詩への小路』を書く時のモットーでした。

「美」と「恐ろしきもの」を、「明晰」と「混沌」と言い換えてもいいんです。「美」なり「明晰」なりをつきつめたあげくに、正反対のものへ転じかかる境目を指しているようです。書く者は深淵《しんえん》をのぞかせるところまでしか、しかもそのつど瞬間においてしか、至れないものらしい。読むほうとしても、まして訳すつもりなら、そのまただいぶ手前で、立ち停まってしまう。その先はおそらく言語が堪えられないところではないかと思う。だけど、半分は期待があるわけです。言語が解体した時に出てくるものが何かわかるのではないかと。この年になると、その期待がなければこういう難解な外国詩を読むこともなくなるだろうし、物を書くこと自体も虚《むな》しくなりかねない。

大江　ええ、そのとおりだと思います。

古井　人は老年と老耄《ろうもう》と一緒にするようだけど、老年の明晰さってあるんですよ。病、老、死という必然の縛りの中から見るので、その分だけ明晰になる。それが人には成熟と言われますけど、その明晰さは混沌と紙一重の境なんです。言語の解体の方向にいきなり振れてしまうかもしれない。でも、それだからこそ老年になっても物を書き続ける気になるのではないでしょうか。

大江　今言われたことを、リルケの『ドゥイノの悲歌』の第一歌の翻訳にそくして、私の言葉で言い返します。リルケが考えている危険なものの恐ろしさと魅惑の重なり合い方を、仮に高さとすれば、それはどんどん高くなっていってると思います。私ら読者も、その触れ合っている臨界面を感じている。ところが翻訳者は、私らと同じ低いところにもいるし、限りなくリルケのいた高いところに近づきもする存在なのでしょう。

古井　仮にも翻訳者は背伸びしなくてはいけませんからね。背伸びしなくては文章が立たない。それは、無理な姿勢には違いないけど、その姿勢だからこそもたらされる、背中からつま先まで張る力があるはずです。傍から見たら滑稽《こっけい》な光景かもしれませんが。

言葉は死んで蘇《よみがえ》る

大江　この本で一番私の心に沁《し》みたのは、リルケの『ドゥイノの悲歌』の訳文1にある、《たしかに、この世にもはや住まわぬとは、不可思議なことだ。ようやく身についたかつかぬかの習慣を、もはや行なわぬとは。薔薇や何やら、もっぱら約束を語る物たちに、人間の未来にかかわる意味をもはや付与しないとは。かぎりなくおそれる両手で束ねてようやく何者かであった、その何者ではもはやなくて、名前をすら壊れた玩具のように棄て去るとは。》という文章です。

私らを最も限りなく魅惑するもの——人によって美とも神とも言うでしょうが——そういうものを捉えるというのは、こうやって不安定なものを束《たば》ねるということなのではないか。

さらに、リルケは『時禱詩集《じとうししゅう》』の第二書「巡礼の書」で《……もどかしい身振りとともにひとたび宙へ裂けて散った後、粉砕された世界として、いまや遠い星々から、ふたたび地上へ穏やかに、春の雨のごとく降る、かのように、と。》と記していますが、どうも人間が死ぬということは、こうやって自分の存在で持っているものが壊れるということなのではないかと思います。それは私など、壊れたままで、もう降って来るとも思えないけれど（笑）。それでもというか、それゆえにというか、ともかく死ぬ前に、なんとか自分の手で、人間の未来にかかわるような美しいものを束ねてから、死んでいく。老年とは、そういう読書ができるようになる時期だという気がします。

もっと散文的に自分の体験を言いますと、死がどういうことかについて、六十歳を過ぎてからはもう、考えなくなっています。五十代くらいまでは、死への恐怖に根ざして私はそれを考えていた。これから死ななくてはいけない、死は恐ろしい、この恐ろしい死はどういうものなんだろう、と常々考えていた。ところが七十代になった今は、どう自分の中を探ってみても、死の恐ろしさについて考えていないんです。もちろん死ぬ間際《まぎわ》になったら恐ろしくて泣き叫ぶかもしれませんよ。しかし今は、死の恐ろしさは私の主題じゃない。それよりも、死について考えることができる、ということが面白いという気持ちになっている。

古井　僕もそうです。そして、そういう気持ちになっている自分をなんとも不思議に感じます。

大江　ええ。死について考える材料も十分にあるし、そこは文学をやってきたことのおかげで、死について考える手法もわかっている。このままいけば、自分は死について自分にできるだけのことはちゃんと考えて死ぬことができるだろうと思います。そのための期間として、自分の老年を考えれば、それはそう悪くはない。

古井　壮年期に『ドゥイノの悲歌』の《薔薇や何やら、もっぱら約束を語る物たちに、人間の未来にかかわる意味をもはや付与しないとは。》の部分を読んだ時は、目に入る物、聞く物が約束を含まないのならどんなにひどいことだろう、これを受け止めるのはきついなと思ってました。ところが、そう思い続けると、変なものでもう死を先取りしたようなつもりでその事実を柔らかに受け止められるようになった。ひょっとすると傍から見ればグロテスクなんじゃないかと思うほどの妙な充足感がある。

時間というものが大きなスケールで、こんなちっぽけな人間の中にも渦巻き始めてるんじゃないかと思うんですよ。だから、死の思いに耐えられる。若い頃には自分は詩を翻訳しようなんてちっとも思わなかった。それが六十過ぎになってからその気になったというのは、たぶん強張りがほぐれたんですね。自分の中に広い時間の渦巻きがあって、死をも生の中へ巻きこんでいるらしい。これは死への覚悟とは別の話です。

現在でも、既にしてそうなのです。
ただし、自分はただの老年じゃなくて、言葉に従事する老年なわけで、老年と言葉という問題があるわけです。言葉が変化して、われわれが書いているものが人にはもうわからなくなるという想像が一方にある。けれども、長い目でみたらそうではないという気も一方ではする。

大江　今、「言葉が変化して、われわれが書いているものが人にはもうわからなくなるという想像が一方にある」とは言われたけれど、『詩への小路』を読んでいて、古井さんが言葉というものは人間が存在するあいだ、意味を持ち続けるんじゃないかと確信を抱いておられるのを感じました。

この本の「無限船と破船」から「夕映の微笑」の六つの章にひとつの流れとして、マラルメ、夏目漱石、ダンテ、アイスキュロスの悲劇「オレステイア三部作」、十九世紀の詩人シュテファン・ゲオルゲの詩集『人生の絨緞《じゅうたん》』の「苦の兄弟たち」と取りあげてゆく。そしてマラルメの「ル ギィニョン」に再び戻ってくるかたちになっている。

特にマラルメとゲオルゲの関係については、「マラルメはゲオルゲにとって師の一人ではあるのだ。二十の歳にゲオルゲはパリにあって、マラルメの火曜会に招かれている。」「一八九八年にマラルメは五十六歳で亡《な》くなり、翌九九年にゲオルゲは三十一の歳で、この詩の収められた詩集『人生の絨緞』を世に出している。」と記されます。こうしてマラルメからはじまり、ゲオルゲからマラルメに戻ってくるというしっかりした流れは、言葉が滅びていかないという強さのスケッチなんじゃないですか。

古井 多分、死んで蘇るというのは言葉においてこそ言えるんじゃないかと。「はじめに言葉ありき」と言いますが、これを僕は「一度言葉が滅びたあとの復活のはじめ」ととるんです。逆に言えば、一度死に瀕《ひん》したことがなくては、言葉は成り立たないのではないかと。その中でも、言葉が死ぬ際まで擦り寄っているのがマラルメだと思うのです。

マラルメの言葉を、こんなもの無意味じゃないかと排除する人がいますね。僕も一時期そうしたくなった。だけど、意味はわからなくても、その言葉自体にいわゆるclarté（明晰さ）がある。つまり、clartéとは何かと問えば、意味を究めて無意味の際に至るのがclartéなのではないかと思うのです。危うい境地なのを承知で押し進めている。後世がどう受け継ぐかまではマラルメは指示してませんが、そのへんの目配せがわれわれにまで遠く伝わってくる。そして、それに我々は縛られる。

日本語が崩れる危険の中で

大江　古井さんのような小説家にとって、外国語を理解することと、自分の小説を書くことの関係は、危険と魅惑をこもごも伴ってるものでしょう？

古井　ええ、そうなんです。

大江　そのことを理解しながら、それでも一つやってみようじゃないかと小説を書き、外国の小説を翻訳されてきた。今は、とくに外国の詩を集中的に翻訳された。そこに至るまで古井さんにとって翻訳の意味は年々違ってきたはずだし、そのあいだに病気にもなられた。その永い日々を重ねて古井さんが感じられている疲労感は、たとえばヨーロッパの修道院で、聖遺物が埋まってる地下室に降りて行って感じられた大きい疲労感で表わされている気がします。森有正氏はカテドラルに行ってやはり大きい疲労感を感じられたけれど、あなたが感じているのはそれとは逆の疲労感なのかと思います。つまり上に向かって行くのと、下に降るのと……。そして両者は深いところで通い合うのじゃないか。

僕に学者としての積み重ねはなく、森先生と古井さんお二人のようにそれぞれの外国詩への切実な経験もないけれども、『詩への小路』を読むと、それでもこれから自分の残りの年に本を読んでいくうえでの心得が見えて来る気がします。古井さんにとって、外国詩をこのように集中して翻訳されたことは、これからの小説にどう影響を与えると思われますか。

古井　経験して感じたのは、小説を書く人間が外国の詩を読んだり、まして翻訳したりするのは危険だということです。そんなことをすれば自分の日本語を失うかもしれない。ようやく束《つか》ね束《つか》ね小説を書いてきた自分の日本語が崩れて、指のあいだからこぼれ落ちる恐れがある。還暦も過ぎて何をやっているのか、何度もこんなことはもうやめようかと思いながら読んできました。

しかし、読んでいるうちに、束《つか》ねるも崩れるも同時のことなんじゃないかと思ったんです。つまり言葉というのは、すっかり束《つか》ねて畳んでこれでおしまいというものではない。のべつ束《つか》ね、のべつこぼれるものである。そう悟ったときに、「外国の詩を読んでたほうが小説家として少なくとも驕《おご》りはなくなるだろう」と覚悟を決めたのです。

壮年のうちは、築いたり固めたり構成したりということに頭が向かいます。老年になると違う。六十歳の頃から、崩れる危険の中で物事をすすめるというところに、仕事の場を見つけてきました。おかげで書くことに対する疑いがなくなったというのではなく、書く上では疑いそのものが生産的だとよくわかりました。自分の言葉が無になっていくという実感があったからこそ物が書けるようになった。こう束《つか》ね築くのは徒労かもしれないが、その徒労感と共にこそ意欲も出てくる。

　ただし、今後も自分はそれでやっていくんだろうけど、気になるのは自分が読んだ詩人たちのギリギリの境地まで達しても、僕には救済の予感が少ないことです。例えばリルケが、見えるものすべてを目に見えないものに還元していき、最後にはひとふしの調べとする、と考える。そのときにリルケが予感したのは調和ある調べのはずなのだけど、僕らにとっては不協和音かもしれません。でも、それはもう今に至っては覚悟しなくてはいけないことなのです。もし自分がここで書けなくなるとしたら、そういう不協和音が出てくることへの恐れで尻込《しりご》みするのだと思います。

大江　そういえば「莫迦《ばか》な」の章で、不条理という意味を持つフランス語 absurdité の語源は、不協和音だと書いていらっしゃいましたね。

古井　語源となったラテン語の absurdus が、不協和音を指す言葉なのだそうです。

大江　その章の終わりに、現代のアメリカでは、《Absurd!》が、「それは違う」というぐらいの意味に使われると聞く、とあって、その両者の響き合いは意味深いと思いました。

瞬間を深く想う

大江　話を戻しますが、いまさっき古井さんは「束《つか》ねる」という言葉を声に出して使われました。私はその前に古井さんの本から「束ねる」を読みとりつつ話して、「たばねる」と発声していました。古井さんが意識的に「つかねる」という言葉を使っているのがわかりました。私の読み方は訂正されねばなりません(笑)。

そこで反省を込めて、「つかねる」と「たばねる」の違いを考えてみますが、私は年に一度くらい古本屋に渡すために書庫で本を紐《ひも》で縛って置いておくのですが、その行為は「つかねる」と呼ばず「たばねる」と呼んでいる。あなたが「つかねる」という言葉を使われるのは、古井さんにとって言葉が、今現在は手の中にあり充実感も感じているが、手を放したらたちまち空中に飛散してしまうという危険が感じられるからじゃないでしょうか。

古井 そうです。今現在においても、言葉はつねにこぼれかける。次の瞬間はわからない。

大江 古井さんの、ここ二十年ほどの小説を読んでいると、今現在あるものを束《つか》ねることの危うさと、それを文章で表現することに面白さを感じておられる機微がこもごもわかります。例えば『辻』で、分かれ道に男が立っていて、女が追い越していく時の緊迫感、濃密さ、明晰さというようなことが表現されています。ある場所でのある一瞬を表現することができれば、自分のこの作品に目指しているものは達成される、という気持ちで書いていられるように感じました。

古井 達成というのはやはり瞬間的なものですね。しばらく経《た》てば何事でもないことに思えるのだけれど、瞬間的に達成を感じることはある。そういう達成が全篇を照らすかどうかが小説の分かれ道です。僕の分担は「劇」が始まる前までだと思ってるんですよ。小説家はシナリオを書くわけでもないし、ましてや役者として舞台に立つわけではない。芝居の始まる前の雰囲気なり緊張感なりを小説の仕舞いに遺《のこ》せるかどうか。

大江 古井さんの小説の仕事について考えるときの気分を、『詩への小路』を読んでいて思い出したのが、繰り返しになりますが、先に引用したアンドレアス・グリュウフィウスの詩の言葉に誘われてでした。《時の奪い去った年々は わたしのものではない。／これから来るだろう年々も わたしのものではない。／瞬間はわたしのものだ。瞬間を深く想うならば、》瞬間を深く想うということは即ち、作家にとっては表現するということです。で、うまく表現できた際には、《年と永遠とを創られた御方は わたしのものだ。》と思えるときもある（笑）。

古井 とにもかくにも雰囲気や緊張や期待を含めて芝居の始まる前までの現在をあわせられるのなら、以《もっ》て瞑《めい》すべしと思っています。

大江 小説というものは、もともと過去のことを書いていた。ところが、古井さんは小説で現在のことを書こうとされている。芝居というジャンルは舞台の上でやるから、現在を提示するのはたやすい。劇作家が準備した戯曲を演出家に渡せば、役者を通じて現在のものにしてくれる。それに比べて、小説家は自分で小説を現在に置かなくてはならない。そして現実には、今現在それがここにあるというふうに書けている小説は少ない。

古井 確かに小説は本来は過去のことを書くもので、その証拠に過去形を使うとても書きやすいですよね。自分の文体はどうしてこう不安定なのかと問えば、半過去や現在形が多いからだと気づきます。腰が定まらないのだと思う。

けれども、自分が過去のことを書いても、世の中から認知されるかどうか。その認知を私は期待できないと思うし、私の読者がいるとしたら、読者はそういう認知を求めてないと思う。だから、なんとか始まりに至る現在を全体として描けないものか、作り出せないものかと願うのです。

大江　古井さんがとくに短篇連作の仕事をずっと続けておられるのを見て、そのような大変なことを、いわばやむにやまれずなさっていると考えることが私もしばしばありました。

十九世紀ドイツ詩人の断念

大江　そこから詩に戻れば、「夕映の微笑」の章で、シュテファン・ゲオルゲの「苦の兄弟たち」の冒頭を、《さてこそ君らは薄暮を往き、同行《とも》は夕映の微笑。君ら、沈み行く時代よ。すべてが黙契の内に同意された上は、君らは心乱さず、避けられぬ苦を負う。》と訳されてますが、冒頭の so を「さてこそ」と訳していいのかどうか、延々とこだわって……。

古井　原文では so となっています。あっさり訳すなら、「そして」とか「そのようにして」でもう十分なんですよね。頭のほうにあまり重い訳語をつけると、あとが苦しくなるから本当は「さてこそ」などと訳すのはやめるべきなんだけど、考えれば考えるほどそうとしか訳せない。so の一語にこの詩に至るまでのさまざまな経緯と、是非もない帰結についての既知がこめられているのだろうし、マラルメの「ルギィニヨン」を踏まえた事情もあるだろうと考えたのです。

大江　この本で扱われているドイツの詩人たちを時代順に並べると、とくに早いのは十七世紀のグリュウフィウスに始まって、おもに十九世紀のエドゥアルト・メーリケ、フリードリヒ・ヘッベル。さらにテオドール・シュトルムが一八一七年に生まれ、シュテファン・ゲオルゲが一八六八年に生まれた。その六十年間のドイツにいかに特別な詩人たちが生きたかをつくづく感じました。

もちろん古井さんの選択に導かれてのことですが、彼らそれぞれの晩年の詩を集めて眺めると、大きい傾向が見える。私は今までイギリス、アメリカ、そしてフランスの詩でこういう展望に接したことはありませんでした。テオドール・シュトルムを扱った「晩年の詩」の章で、「このきっぱりと限定された生涯および運命の情感が、シュトルムの周辺の詩人たちの特徴であり、前代とも後代とも異なって貴重なものである、と私などは考えている。」と書かれていますが、この本の読み手として私はまったく同感です。こうした前代とも後代とも違う「きっぱりと限定された生涯および運命の情感」が、それぞれに美しい詩となって屹立《きつりつ》しています。あまりに動かされて、私はもう始まってる晩年、遅すぎるドイツ語の勉強をしながら原語のテキストを読んでやろうという野心を抱いたくらいです。古井さんはこういう詩人たちがドイツの十九世紀に凝集したことを特別なことだと感じますか。

古井　今名前があがった十九世紀後半の詩人たちは、従来、どちらかといえば小柄な詩人として読まれていたわけです。

大江　それはシラーやゲーテと比べて、ということですね。

古井　そうです。繊細な抒情性《じょじょうせい》はあるけれど、小市民的な詩人だと思われていた。でも、年取ってから読むと、いろいろなことが目につくんです。

ドイツは近代化が遅れました。十九世紀後半まで近世的な閉塞《へいそく》の時代が続き、十九世紀の末にようやく近代化に大きく傾いていく。彼らはそのあいだに活躍した詩人です。彼らも近代化が迫っているのは感じていますが、まだ近代と前近代の境目に閉じ込められている。分けあたえられた可能性の範囲が生涯にわたって限られる。しかも迫る近代にたいする怪しみもある。そういう断念が文学者としての表現を強く規定した最後の時代じゃないかと思うんです。それが彼らの晩年の詩には特に出ている。年を数えるとまだ壮年の頃に書いた詩も、読むとすでに晩年の詩になっている。

大江　三十六歳で発狂し七十三歳まで生きた詩人ヘルダーリンを含めれば、もっとその傾向があらわになるでしょうね。

古井　フランスの詩とドイツの詩を比べて思うのは、中世から近世にかけてそれぞれのヨーロッパの言語が自立し、近代化していく。フランス語はそれにあたって、法廷での言葉の使い方の厳格化が論理性を整えていきます。ドイツ語の近代化の基となった主要なもののひとつは、宣教者の説教なんです。フランス語は近代化にあたって分析的になり、ドイツ語は総合的になっていく。その違いがあって、ドイツ語のほうが重層的なものを表現しやすくはなっているかと思います。

大江　私は日本の現代詩に敬意を持ってますし、イギリスとアメリカの詩が好きです。日本の詩はこの五十年アメリカとイギリスの詩のほうに近づいて、T・S・エリオットやW・H・オーデンはそんなに遠い詩人ではない。だから、日本の詩人がかれらにつらなる大きい仕事をすることがあるだろうと思ってます。

ところが、この本で接したドイツの十九世紀後半の詩人たちは、韻を踏みながらの一行、二行の詩の言葉に、これだけ複雑で明確で哲学的な言葉を並べている。これはまるで日本語の詩とは違うんじゃないだろうかと深いショックを受けました。

古井　アンビヴァレンツな状況の中で生きた詩人たちだからこそ、そういう表現が出てくるんだと思います。しかも、当時の詩の世界で受け入れられるのは抒情的な美しさですから、その美しさを損なわずに、柔らかいニュアンスを伝えようとする工夫が詩を形作っている。

漢語の新しい読み方

古井　日本人の場合、欧米人と比べて一つ救いというのか抜け道になりうるのは漢字の存在です。漢字は表意文字だから、分析によって追い詰められない。意味を総合的に受け止めてしまうでしょう。ただ、そのために逆に日本語はだらしなくなっているのかもしれません。日本語では、分析的な明快さの果てになかなかたどり着かないんですね。私にも漢字を頼みにして高をくくってるところがある。しかし今後、そううまくいくかなとも思う。

大江 哲学者は、ドイツ語の単語をそのまま日本語の文章の中に入れて、その横に日本語の読みをルビとして付ける、という表記をすることがあります。ルビもどんどん長くなってゆく。もしかしたら、それがまた日本語の文章の新しい可能性を切り開くかもしれないと考えます。

古井 確か、「日本人は漢字に仮名を振ってるつもりだけど、実は仮名に漢字を振って読んでるんだ」と言ったフランスの哲学者がいましたね。あれは、半分ぐらい当っている気がします。われわれ日本人は、頭の中で常に変換をしながら文章を形成している。そこで心配なのは、変換というのも危ういものでしょう？ とくに追い詰められた時に変換ができなくなり、言語が解体する。だけれども、変換についてはパソコンになじんだ若い世代がよく知ってることだから、彼らにもう一度変換という行為を考えてもらえば、日本語という言語はもうひと展開するんじゃないかと思うのです。

大江 今の若い人たちにとって変換は、コンピュータのキーの名称の一つになってるようですが、言語の表記の変換は本来、文化の根本をなしてるといえるほど大きい問題です。この前中国に行き、北京《ペキン》の大学に講演に行って、控室で話した学者の方に出版が近いと聞いた『文鏡秘府論彙《い》校彙《こうい》考《こう》』、つまり空海の、中国の詩法について書いた論文の現存する異本を集めて校訂し注釈した四巻本を、約束通り送ってもらったんです。少しずつ読んで、「こういう中国語の本を書けた空海が、中国語をそのまま持ってきて、かつそれに日本語の読みをつける、という仕方での翻訳をしたことがなんという大事業で、かつ繊細なものだったろう、と夢見るような思いをしています。
当時のやはり偉い日本の学僧たちが「いや、これはこういうふうな意味ではないのか」というように問いかければ、「ここに原典が置いてあるのだから、原典をそのまま理解してくれ。もっと広く原典を理解してくれる層を広げるために自分らの日本語としての読みをつけよう」と空海は応《こた》えたのでしょう。そのうち、中国語の本体がなくなって読みだけが日本人の文化になっていった。そういう大きな流れの結果として、今私らは、漢字とかなで生きてるのでしょう。

古井　僕もそこが日本語にとって重要なところだと思います。

大江　日本人の外国語の受容の歴史を振り返ると、空海の時代から多様な展開があった。仏教の、また儒教のテクストをつうじて、新井白石や荻生徂徠《おぎゅうそらい》の独自の努力を介して。そして明治時代になって、それまでの漢語に対して日本語の読みを付けて変換するという方法を、英語やフランス語に対しても拡大するような仕方で、ジョン・スチュアート・ミルやジャン＝ジャック・ルソーの翻訳の文体が作られた。福沢諭吉や中江兆民ら漢語の素養のある人間が、英語やフランス語を漢字とかなに置き換えました。ありがたいことに、彼らは自由な言葉の感覚を持った翻訳者でした。しかも彼らが作った新しい日本語の意味を、当時の読者がちゃんと読みとっていたのがすごい。読者にも漢語の素養があって、言語的基盤が共通していたわけですね。

　明治以降の文章は、そういう根本的な変換が行われたあと組み立て直された日本語によって出来ています。その新しい日本語がうまく通用したからこそ、例えば夏目漱石が今でも読まれるという奇跡的なことが起こっている。その一方、私の中には明治に行われた漢語の読み下しを英語やフランス語についてもやるような変換が正しかったのだろうかどうかをもう一度問いたい気持ちがあるのも事実です。漢語に読み下す文体の変換をする、その既成のやり方を破って、もっと大和言葉を使ってよく考えた読み方を工夫すべきだったんじゃなかろうかという疑問もあります。

古井　僕は日本語の漢語も本来、中国の言葉であるので、表現の要請に答えて変換の仕方は常に微妙に改めていかなくてはならないものだと思っています。

大江　その十八世紀から十九世紀にかけての、漢語の新しい読み方を、とくに農民の読み手に向けて作った人たちのことを考えます。古くからの友人の日系アメリカ人の近世・近代日本史学者テツオ・ナジタの新しく出した本で、そうしたひとり安藤昌益《あんどうしょうえき》の、漢語の独特な変換の面白さをはじめて学びました。H・ノーマンの『忘れられた思想家─安藤昌益のこと─』や丸山眞男《まるやままさお》をつうじて、安藤昌益については少しずつ知ってるつもりだったのですが。今度岩波の「日本思想大系」に入っている『自然真営道』をゆっくり読んだのですが、安藤昌益は漢語の読み直しから思想を始めている。「自然」を「ヒトリスル」と読んだりする仕方で。自然とはまっすぐ上を向いていることだ、一人そのままあることだというんです。一人そのまま立っているという状態が樹木では普通であるように、農民もそうでなくてはいけない、そうやって生きるのが人間にとって一番いい形なんだというような説き方で、その哲学の根本を作る。つまり農業の改革者安藤昌益や二宮尊徳や大坂の懐徳堂の商人の山片蟠桃《やまがたばんとう》といった十八世紀半ばから十九世紀にかけての民間の学者たちは、江戸時代の権力が指し示す漢語の読み方に反逆することから学問を成り立たせた。『自然真営道』に丁寧に振ってあるルビを読んで、私たちが知っているのではない読み方で、かれらが漢語を読んでいたことを知り、それをヨーロッパの言葉の日本語への転換に生かすこともできたかも知れない、と空想しました。

古井　漢語は江戸時代から常に更新を経てきたのでしょう。儒学者でも古典に校注を施すときにそれぞれの訓《よ》みをつけていた。その「新しい」読み方こそが儒学者の一世一代の仕事であったわけです。ところが江戸時代から現代にかけて、そういう蓄積は失われていく方向にあり、明治維新後の漢語の創出もその流れの内のことなんだと思います。

ただし、漢語の読み方を固定するのがいいのかどうかというのは問題です。例えば、漢文というものが日本にあると外国人の文学者が耳にして、どういうものかと尋ねたとする。これを説明するのは難しいですね。「グラマティック（文法）もシンタックス（構文）もまったく系統の違う外国語を、そのままにしておいて母国語で読んでしまうとはどういうことか」と問われるでしょうね。

大江 カート・ヴォネガットが日本に来て、ペンクラブで講演する前の夜、一緒に食事をして、まさにその質問をされたことがあります。「日本語にはカタカナと平仮名と漢字があるという。それは面白い。どういうふうに使い分けるんだ？」。一通り説明すると、「ところで、漢文の日本的読み下し方によって、中国語の原典の文体をいくらかなりと表現することができるのか」と問われた。

古井 これが外国の文学者の一番聞きたいところでしょうね。文体如何《いかん》というのは死活問題でしょう？ 態度の取り方なわけだから。文体が変わってしまうのなら本来は翻訳ですらないはずです。

大江　文体が原典と無関係なほど変わってしまっているのなら、文学の翻訳とはいえない。ところが実際には、僕たちは読み下す時、李白《りはく》の詩も杜甫《とほ》の詩も同じように読む。夏目漱石の漢詩だってそのように読むのじゃないですか。私はこうカート・ヴォネガットに説明しました。加藤周一さんの言い方でなら、空海から菅原道真《すがわらのみちざね》に至る、自由にシナ語を書ける人たちの漢文の書き方、読み下し方は特別だったろう。それは、確かに自分の表現だったろう。そこでかれらの漢語による詩や散文にはそれぞれの文体があっただろう。ところが、今の私らはそれを中国語として読むことができないから違いがわからない。

古井　日本にもインテリの公用語が中国語であった時代はあったはずです。そのままほうっておけば公用語が唐の時代の中国語になったかもしれません。それが仮名ができて、漢文の読み下し文ができたために二重言語になった。僕はこの国の言葉はバイリンガルの最たるものだと思います。

大江　ええ、その通りですね。しかし、漢文を読む時に、自分の文体で読む人はいないでしょう。吉川幸次郎氏が時に示される氏独自の読み下し方というような例はあるけれど。読み下しの文体にのっかって読むしかない。あれはどうにかならなかったでしょうか。安藤昌益のように自由に読むことはできなかっただろうかと思います。

古井　漢語読み下し文というのは、おそらく当初はきっと、決まったスタイルで読んで学んで、自分の中でそれぞれ響かせろという過程のことだったのでしょうね。やがては、その人が中国の古典をどう読むかによって、読み方がだいぶ違ってくるのじゃないでしょうか。

老年を襲う歓喜

大江　ところで私は、いまや私の小説を読んだことのない人たちにも、「あいつの文章は悪文だ、声に出して読みにくい」と認知されています。そういう人と話してみるうち、大体当たってると考えることになります(笑)。だけれども、私は私で自分の文章の、声を出しての読み方を持ってるんです。小説の最終ゲラの校正をやる際の、私の書き直しの原理は、その読み方で声に出して読むことです。

ドイツで、昨年新しく翻訳の出た『さようなら、私の本よ!』を十箇所近い都市で朗読しました。まず私が日本語で五ページほど読み、続いてそのドイツ語訳と、その続きを二十ページほどドイツ人の俳優に読んでもらう、というやり方ですが、そのとき日本文学を研究しているドイツ人に、「大江さん、あなたが日本語で読むとなかなかいい文章じゃないですか」と言われました（笑）。

古井 同じような朗読会を僕もヨーロッパでやりました。で、やはり図々《ずうずう》しくも日本語で読む。その傍からドイツ語に訳して読んでもらったりもしたのだけど、日本語の時の方がお客さんが耳を傾けるんですよ。何かを聴き取ろうとしてるんです。

大江 おそらく文体を聴き取ってくれようとしてる……。

古井 ええ、多分。声だけ聴いて文体のありかがちょっと感じ取れるんじゃないでしょうか。文体とは構造であると同時に、音韻でもあるようです。

大江 外国人を歌舞伎《かぶき》や人形浄瑠璃《じょうるり》に連れていっても、みんなまず文体を感じ取りますものね。

古井 しかし、われわれはこうやって普通に話してても、のべつ仮名と漢字の間で変換しているわけです。日本語の場合、文体という言葉は気安く使われるけど、文体のあり方は難しい。

大江 「生者の心をたよりの」の章で、フリードリヒ・ヘッベルの美しい鎮魂歌が引用されてます。《魂よ、あの者たちを忘れるな／魂よ、死者たちを忘れるな》というリフレインがある詩で、その一節に、《そして嵐は死者たちを怪異の類ともども／はてもない荒野へ追い立てて行き／その境にはもはや生命もなく／解《ほど》かれたもろもろの力の／新たに成る存在をめぐる／闘いがあるのみなのだ。》とあります。とても好きな詩です。その流れのなかでも、あなたが「ほどかれた」に「解」という字を当てられたところに、新しさを感じました。命はもうないのだけど、解体されたもろもろの力によって、新たな存在が出来るかもしれないという、再生の希望がひしめきあっている。死と再生が隣り合っているこの部分に、そういう変換の文字を使われたのはとても創造的だと思います。

古井　ありがとうございます。

大江　「歓喜の歌」の章で読んだ、ついには発狂する詩人ヘルダーリンの詩の訳も、ルビの振り方が創造的だと感じました。一八〇一年、三十一歳で、「心身に危機の兆候の現れたと見受けられるその前年の作」とあるので、この詩を最後に彼が暗い方向に入り込んでしまったんだという恐ろしさも感じるわけですが、その場合にもヘルダーリンは、《……天は約束に満ち、いまにも襲いかかるかとわたしを脅かしもするが、わたしはそのもとに留まっていよう。わたしの魂はこれに背を向けてそなたたちのもとへ、過ぎ去った神々よ、あまりに愛《いとお》しいからと言って、奔《はし》ってはならない。そなたたちの美しき面《おも》を、時が変わらぬかのように、見つめることは、わたしはおそれる、死に至ることではないのか。滅びた神々を呼び起すことは、ほとんど許されぬことではないのか。》と歌う。

そしてこの翻訳でも、「愛しい」に「いとしい」ではなく「いとおしい」とルビを振っていられるのがじつに効果をあげていると思います。古井さんは、音韻学上の変換に自分としてのスタイルを持っていられる。さらに、「美しき面を」の「面」を「おもて」ではなく「おも」と読ませていられる部分にも、この原テクストには、ヘルダーリンの堂々たる詩がここで、ある種口語的な優しさを響かせているからだろうと思いました。

古井　その詩を訳してる時、自分の先々の老年を思っていました。老年を襲う恍惚感《こうこつかん》、老年を襲う歓喜というのもあるのではないかと思い、それが訪れた時どうしようかと考えながら訳出していた思い出があります。

大江　ヘルダーリンの言う「過ぎ去った神々」や「滅びた神々」は、私ら日本人には観念の中にも感情の中にもない。だから、ヘルダーリンが恐怖するようには自分は怖くないんだけれど、しかし、神々ではないもので、「美しき面《おも》」を持った、「あまりに愛しい《いとお》」ものが老年に現れるかもしれないぞ、と怯《おび》えますものね。

古井　厚い雲が空から降りてきて、地上に緊張がみなぎって、喜びの予感に震えるなんていう体感にわれわれも襲われかねません。

大江　実際にこの詩を書いたヘルダーリンは狂気を発したまま死んだわけですから。そういうことを考え合わせると、異様な緊張感をもった外国詩を翻訳する外国文学研究者たちは、時には自分がよく生きてるなという思いに襲われることもあるのじゃないかと思いました。

古井　ただ僕は、元外国文学者で現役の作家なわけで、物を書いてると現実を失いかけるという危機の体験は積んでいる。そこは学者の訳者とは違うはずです。翻訳をしていても、あまりに打ち込んだ場合、自分の小説の言葉が崩れるんじゃないかという危機をつねに踏みながらやっているわけです。小説家としての一身に跳ね返ってくることでした。

大江　ああ……今の話で、なぜ自分は外国の詩にこれだけ熱中しながら、翻訳に踏み出せなかったか、その理由がわかった気がします。

古井　この本の中でも書きましたが、外国詩を訳していると、妙な物を我身に招来しないうちに、早々と退散したい、と腰の引けたことが何度もありました。

じっとしている持続力

大江　私は若い時小説を書き始めて、それを何とか本格的なものにしたい、と考え始めた時、深瀬基寛《ふかせもとひろ》氏の訳されたT・S・エリオットやW・H・オーデンの詩に強く惹《ひ》き込まれて、小説の文体に応用できないかと考えました。エリオットの「J・アルフレッド・プルーフロックの恋歌」の文体は口語的でコミカルで自己批評的で若々しい。こういう文体を作れたら私にも自分の小説を書くことができるし、それは日本にかつてない作品になるし、新しい読者を集められるのじゃないかと夢想したことがあります。また深瀬氏の訳されたオーデンの詩は、かれが政治にコミットした数年のものにほとんど限られているんですが、その思想的に強い美しさを追いかけようとしました。オーデンのような人間の見方を小説に書きたいものだ、しかし自分にはできない。エリオットの書いたプルーフロックのような人物像を軽快に語りたいものだ、いや、自分にはそういうこともできない。そういう当然な苦しみ方をして、私は小説を書き始めて一、二年経つか経たないかに、完全にダメな小説家になっていました。

古井 でも、一旦《いったん》ダメにならない作家っていますかね。やっぱりダメにならないようじゃ、ダメなんじゃありませんか？

大江 私もそう思います。けれどそれでも、当時ドイツ文学の研究者として生きてこられた、ほぼ同年の古井さんの目に、こちらが小説家としてダメになっていく姿がどのように映っていただろうと想像しますとね（笑）。

それでもなんとか、私は自分の主題と文体を発見していきました。とくに知的障害を持った子供が生まれて、かれと一緒に生きていくほかない、それはそのこと自体を小説に書くことだと覚悟したのが転機で、私小説でいいじゃないか、それを方法的に工夫しよう、と開き直った。それが現在に至ってるのですから、やはり当然な結果として私の小説は狭い。こんな狭いところのことを書く、それも七十歳を越えた小説家が語ってゆく小説を、今誰が読むだろうかという気持ちに落ち込みます（笑）。

古井 広いか狭いかは本人には所詮《しょせん》見通せないんじゃないでしょうか。いつも狭いところに突っ込んで書いていても、それが全体としたらどれぐらいの面積になるのかはわからない。

大江 原理的にはそう。しかし、具体例としていえば、見通しは暗いですね（笑）。

古井 いや、見通しが暗いほうがいいんです（笑）。

大江　古井さんはじつに徹底して自分の文体を自分で作ってこられた。たとえば、『詩への小路』でも、詩を翻訳することで危ないところに直面するまで行かれる。そしてそれが、古井さんを小説の文体の作り手としてさらに危ないところに突き出しかねないのらしい。第三者から見れば、そのようにして深め高めて独特な文学の作業を続けていられます。

私は詩を翻訳しないけれども、外国詩を頭の中で思い描くことで、文学というものはあのあたりにあるんだという方向感覚は保ってきたように思います。ブレイク、ダンテ、イェイツ、R・S・トーマス、エリオット、オーデン。私の好きな彼らの詩の声をずっと自分の中に響かせながら、書き手としては別のものを、すなわち散文で書いている。そのように散文だけを書いてきたからあの天才たちに引きずり回されないで、なんとか自分として生きてこられたのでしょう。

それでいて、このところ最後に自分が散文を書く体力も気力もなくなったら、しまいに小さい詩集を作れないかと夢想しました。度しがたい、というか、見果てぬ夢というか……。

古井　しかし振り返ると、お互い、平成になった頃から休みなく仕事を続けてきてますね。ときどき、「古井さん、なんでそんなにたて続けに仕事をなさるんですか」なんで聞かれるのだけど、仕事を続けるにもエネルギーが要るけれど、仕事をしないでいるのにもエネルギーが要るんです（笑）。で、年老いてから仕事をしないでいるのに耐えるのはなかなか難しい。第一、過去の作品が次の作品を要求するでしょう？　著者は仕事をしようと思わなくても、作品が次を要求する。

大江　私には仕事をしないでいる勇気と根気がないんです。子供の時、青年の時以来、なにかする持続力がない、というのじゃなく、なにもしないでじっとしている持続力がないのが、私の根本的な欠陥なんです。

古井　昔の文学者の年譜を読んでいると「ああ、俺は何たることか」と思います。みんな仕事をしない時期が五年、十年と続くでしょう？　スケールはでかくなると思うなあ（笑）。

大江　ああいう人たちは、じつに不《ふ》撓《とう》不《ふ》屈《くつ》というか、例えば、あの巨大な小説をずっと書き直していたムージルのような人は、具体的にはどのように生活を持続させていたのか。実に見事な生活の仕方だと思います。

古井　一つは遺産だと思います。古い家柄を解体した時、残った遺産で生活を成り立たせる。当時はそれほどインフレではないから、遺産で食べていけた。もう一つは、パトロンですね。当時は出版社というのはパトロンに近い存在だったらしい。これはと思う作家や詩人を抱え込んで暮らせるようにし、ゆっくりと書かせる。ヨーロッパではそのパトロンにあたる出版社は多くがユダヤ系だったそうで、だから第二次大戦後、パトロン的な存在が解体してしまった。

大江 やはりドイツ語で書く、なかなか書かないでいた人といえば、『群衆と権力』のカネッティ。晩年にやっと続けて書いた自伝的なものを見ると、若い時にはウィーンで妙に派手な交友関係を持ったりしているし、その頃の最初の『眩暈《めまい》』も立派な小説ですが、そのあと永くイギリスで沈黙した生活をおくる。いくつかの戯曲をのぞくとほとんど作品を発表しないで、堂々としている。

古井 ボードレールやマラルメの詩だって数えると、そんなに数ありませんよ。エドガー・アラン・ポーだって、お金はそんなにあったわけじゃない。文学誌の編集長を繰り返しやっているから、人にも書かせなくてはならないし、自分も書かなくてはならなかったはずだけど、としても作品の数は、われわれよりよほど少ない。

存在について裁かれる

古井　小説の発生源は物語といわれて、大筋はそうだろうけど、それだけではないと思うんですね。僕が思うのは、例えば裁判の弁明書もヨーロッパの小説の発生源の一つではないでしょうか。例えば中世から近世にかけて修道僧が異端の疑いをかけられた時に、弁明書を書く。その始まりとポーの『黒猫』の始まりは似てるんですよ。ポーのはその諧謔《かいぎゃく》ではないかと思われるほどに。

それから説教。聞き手を引き込むために説教はそれぞれ、始めに人の心の音鍵《キィ》をあざやかに叩《たた》くような言葉を振るわけですが、そういう音楽的な始まり方をする小説はいくらでもあるはずです。

大江　この冬、ル・クレジオが来日するので対談をすることになったのですが、彼の『調書』という最初の小説は、それこそ *Le Procès-verbal* 口述した調書のスタイルを使った作品です。アダムという青年の、裁判の調書といえば、まさにそうしたもので、私は自分が最初に行き詰ってた日々に、同時代の若い人の小説として、「これほど斬《ざん》新《しん》な形式がありうるか」と打ちのめされたのを思い出します。

それと、『沖縄ノート』の件で、実際に裁判にかけられ二時間ほど証言したり反対尋問に答えたりした経験でいうのですが、法廷ではその裁判に出てきた被告大江某がしゃべったことがすべてで、それが裁判の実体となる。すなわち調書ということです。

今回、『調書』を再読して、人間がその根本的な本質を裁かれるならこのように調書をとられる、ということだと思いました。

古井　ローマ時代の裁判も、それこそ調書こそ取らないけど、ロゴスがすべてですね。言葉の闘いになってしまう。言葉と実体がかなりずれてても、言葉が勝てれば裁判に勝てたようです。

大江　ローマの法廷では速記したんですか。

古井　どうもそのようですね。ギリシャ語の当初は速記されたものを声に出して会衆一同で確認することを「読む」といったらしい。

それから、カフカの『審判』と題されたあの小説の原題は *Der Process* です。「裁判手続き」とも訳せないことはない。あれは裁判小説です。しかも、近代の裁判と近代以前の裁判を重ねて書かれている。カフカは法学博士です。

大江　しかも裁判の結論が出るとすぐ、処刑が行われるというところ、いかにも裁判の原形のようです。

古井　そもそも、被告がどの行為を訴えられてるのか知らされないということも、警察と検察と裁判所が一体だということも、近世ではそうだったようです。人は行為によって罰せられるのであって、存在によっては罰せられない、という近代の法の大原則が確立されたのは、ドイツ語圏ではたかだか十九世紀の末なのだそうです。カフカはユダヤ系だということもあって、行為でなく存在で裁かれるという古来の法がひきつづき底流として生きていることを感じやすい立場にあったと思われます。カフカの「裁判小説」の主人公は追いつめられたあげく、自分には不明の告発へ向けて、いわばヤミクモに、一身の弁明書を起こそうとするのですが、存在の弁明となると、もう果てしもない。これはちょっと小説家の窮地に似てますね。

大江　しかじかの行為によって裁かれるのならば、短い小説としても書けると思いますけど、存在について裁かれるとなると、もう自分でもよくわからないことをいつまでも書き続けなくてはならないでしょう。

古井　子供の頃の出来事を行為から始めて、これまでの生涯のすべてを洗い出さなくてはいけないので、頭を抱え込んでしまう。

大江　そこに神というものが導入できれば、小説として幾らか短くできるかもしれないけれど。

古井　そうですね、神がいれば言葉の推敲《すいこう》は決まるでしょう。こういう言葉は正しい、こういう言葉は間違っていると判断させられる。個人が推敲するなんてきりのないことなんです。

大江　日本という国はもともとの神が法廷向きじゃないし、輸入されたキリスト教の神を持ってる国ではないから、そういう神もなかなか私らの生活を裁く場に導入しにくい。しかしそのわりに、われわれ日本人の小説は健闘しているんじゃないかという思いはあります。

（「新潮」二〇一〇年一月号）

言葉の宙に迷い、カオスを渡る

「めったなことを言うな」

大江　『晩年様式集《イン・レイト・スタイル》』（講談社）を二〇一三年の十月に刊行して、僕は小説の仕事を大体終えたと考えています。夜に仕事をしなくなって、朝は老年で早く起きてしまうしで、若かった時イイカゲンな読み方をした本を再読しています。

五年前の対談「詩を読む、時を眺める」のとき、古井さんの『詩への小路』についていろいろお尋ねしましたが、あの時胸にこたえるようだったことを、いま少し古典語を読んでいてもっと直接的に思い出しました。「吉《よ》き口」の章に、《エウ・フェーミアー》という言葉が古代ギリシャ語にある。吉き前兆を告げること、吉兆の告知、というほどの意味になる。ところがこの言葉が沈黙という意味にも使われる。畏《おそ》れ慎んで黙ること、敬虔《けいけん》の沈黙である。》とありますね。僕も「エウ・フェーミアー」という言葉を知ってると思ったんです。本郷のフランス文学科に進んだ年、大学院に進む友人に誘われて高津《こうづ》春繁《はるしげ》先生のギリシャ語クラスに出てたときのことです。「エウ・フェーミアーという単語は、きみたちの習ってる言葉にそこから来てるものがあるだろう」と先生が尋ねられた。小さなギリシャ語・英語辞典で下調べしていたので、僕は答えました。英語だとeuphemism婉曲《えんきょく》語法ですが、その反対語がデュス・エウフェーミアーと書いてあるのに、エウ・フェーミアーという言葉そのものに否定の意味もあるとしているのが不思議でした、と続けたんです。少しヒネッタことを言いたくて(笑)。

古井　ギリシャ語はほかの言語に比べても肯定と否定の区別が難しいですね。ところで、なぜ、僕が六十歳を過ぎて、今さら「エウ・フェーミアー」という言葉に関心を持ったかといえば、この言葉の使い方と文学の本質は似てるんじゃないか、と感じたからなのです。もともとの意味は、「めでたいことを告げる」。で、めでたいことを告げるために、その前に沈黙を要請する。その「静かにしろ」が「不吉なことを言うな」という禁止にもなる。

小説は、もちろんめでたいことを書きたくて書いてるわけです。ところが、書き手にも読み手にも、自ずから沈黙が要請されて、どうかすると「めったなことを言うな」という戒めになる。小説を書いているとこの流れが循環するんですね。めでたい最初から、めでたい最後に至ればいいんですが、その間の曲折がなかなか難しい。ただ一方で、曲折があるから書けるのだろうとも思います。

大江　ギリシャ悲劇の代表的な作者たちの、同じ系統の物語による作品を続けて読むと、アイスキュロスの「オレステイア三部作」でも、ソポクレースの「エレクトラ」でも、冒頭に奇怪なことが語られて劇が始まります。言葉の一語一語が大切な役割をして、二千五百年前からあるギリシャ悲劇が、人類の到達したもっとも恐ろしい悲劇じゃないかと思わざるをえない出来映えを示している。

エウリーピデースの「オレステース」になると、劇の中の対話はさらに研ぎ澄まされて、書き手があらかじめ結論を出さずに、最高の問いかけと最高の答えを実現させている。ひとりのエウリーピデースが書いたものに疑いはないけれど、人間が一人でこれだけ精巧で本質的な対話を書けるものだろうかと思うときもあります。古井さんは、あのような対話はどのようにして磨かれたのだと思われますか。

古井　詩人がマスターとして強い主導はしたのでしょうが、おそらく弟子たちと集団を形作ったのだろうと思ってます。神話を観客の前で演ずるわけですが、当時の観客はアガメムノーンがどうなるか、オイディプスがどうなるか、という話の展開は神話から知っていたはずです。そういう観客を引きつけるには、よほど舞台上の対話に、登場人物の運命を知っているはずの観客にも息を呑《の》ませるような、条理と不条理との間の緊迫がなくてはならない。観覧自在ということでは神々にひとしい見物人を相手に、舞台をこしらえるような。ギリシャ悲劇は、個人的な営みじゃなかろうと思うんです。ポリスという共同体の営みだったのでしょう。

大江　一番舞台をよく知ってる人々が観客だったということですね。ギリシャ悲劇には、コロス（合唱や語りをする人たち）という独自の働きをする存在があるわけですが、ミュケーナイの市民たちがコロスとして舞台に上がっているという設定になってるのもあります。劇がどのように進んでゆくかということはもとより先祖代々市民たちによく知られている。そして、コロスはその観客の代表のように舞台に上がってきて、誰よりも過激なことすら叫ぶ。奇怪な言葉で一挙に始まったものがどのように誰もが知ってる大団円にたどりつくか、観客が期待と不安を持って新作に向かってゆくなかで、対話はどんどん精巧になってゆく、そのめざましさを思います。

岩波書店版の『ギリシア悲劇全集』をあらためて読みながら、演劇の舞台を作る天才たちが、アイスキュロス、ソポクレース、エウリーピデースと現われたことの不思議を、今日の話の導入にしようかと思っていたのですが、この前の対談を見たら、古井さんが、それよりも端的に今度のお仕事に通じることを言われていました。「……僕の分担は「劇」が始まる前までだと思ってるんですよ。小説家はシナリオを書くわけでもないし、まして役者として舞台に立つわけではない。芝居の始まる前の雰囲気なり緊張感なりを小説の仕舞いに遺《のこ》せるかどうか。」「とにもかくにも雰囲気や緊張や期待を含めて芝居の始まる前までの現在をあらわせるのなら、以《もっ》て瞑《めい》すべしと思っています。」

この一番重要で、告白的ですらあるあなたの発言を僕が取り逃がして、まずギリシャ悲劇の話から、と思い込んでることに気がついたんです。舞台という言葉をギリシャ悲劇にはっきり結びながら、「舞台が作られれば、小説は完成する」とあなたが考えていられることが、『鐘の渡り』（新潮社）を読んでよくわかりました。

舞台が成立した瞬間、小説は終わる

大江　『鐘の渡り』は八篇の短篇から成り立っていますが、毎晩一篇ずつ読みました。

はじめの「窓の内」から、舞台を作ることで小説が一挙に実現するのがよくつたわります。

冒頭は、ドイツでおもてを歩いていて、まるで窓の内に陰気な首斬人《くびきりにん》でも見たかのような気になったという恐ろしい話からはじまります。しばらくいくと一行あいて、《自分は母親というものを知らないので、人のことがわからない、と知人にいきなりつぶやかれたことがある。》とある。それから、読み手にはなかなかひとやまに積み上げていくのが難しい回想が幾重にも重なっていき、最後は、《あそこで、赤ん坊をおぶったまま、道端にかがんで用を足している女の子が、われわれの母親ではないのか、人のことはわからないと言っても、自分のことこそわからないものだ、と遠くからいまさら答えていた。》で締めくくられます。

そして確かにここで小説表現の舞台が成立しているとわかった瞬間に、小説は終わるという作品です。

古井　でなければ、初めにもどるような。そこから、読む人が芝居を展開してくれることを願って。

大江　つまり、「お母さんの記憶が全然ないから人がわからない」と言う知人がいる。

それに対して、「いや、それはこういうことなんだ」と遠くからでも答えなくてはいけないという気持ちが語り手にあり、そこへ向けてずっと考えつめる過程がこの小説だとつたわるんです。そして小説の舞台ができあがる時、その最後の一行で、《遠くからいまさら》あの知人に答えている、その姿に照明があたります。

しばらく前の部分に、「一年といなかった土地」の話として、《女の子たちの中には、弟だか妹だか、赤ん坊をネンネコにおぶっているのもいる。おぶったまま、道端の暗がりで尻《しり》をまくって用を足していた。》とあり、それが最後の文章で立ち上る。

男の子が立ち小便するんじゃなくて女の子がついそういうことをしてしまうことに、秘めた力強さがあり、それに読者のこちらも引きつけられます。だからこそラストは緊張感もあり、解放感もある。それこそが小説である、この舞台を提出するために書かれていることがあきらかになる。

古井 本来ならそこで幕が上がる。ギリシャ悲劇には幕はありませんけど。小説家にも幕はない（笑）。

大江 読者から見ると、この小説は、その舞台を最後に実現する設定を作家が作り、しかし、それをやりとげるにはどうすればいいか苦しいほどの仕方で考えていく作業が続き、そしてついにくっきりとその舞台が出来上がったことを見せる仕方で書かれています。

世界にはいろんな小説家がいますが、「このように一瞬実現する舞台を作り出すために書く」のは古井さんだけだという気さえします。はじめはその舞台への積みたてのいちいちの場面をつかみにくくて、読者が難渋することもあるけれど、最後まで行き着いて、その舞台に乗ると、明快なカタルシスがあるように整理されている。それが、あなたの小説です。

しかも、八篇の中に、どれ一つとして同じ舞台の作り方はない。独立したそれぞれを貫いている主題を読みとることも出来て、安藤礼二さんの「反復の永劫《えいごう》」（「新潮」二〇一四年四月号）は当の主題に注目した批評でした。すぐれた評論ですが、同時に『鐘の渡り』は主題の読み取りのみで終る作品ではないことも示していました。一篇一篇すっかり違う、このいちいちの舞台を作るのはどんな苦行だったか。細部が凝縮されていて、緊張感があって、展開が難しい部分でも手の内を見せない。そして最後に一瞬、暗いなか空を見上げると白い空間があいているように、その小説そのものである舞台が示されているというのが、一作ごとの僕の読後感です。

古井　先ほどのギリシャ悲劇の話につなげると、ギリシャ語で「役者」というのは「答える人」という意味なんです。これは誰に対して「答える」のか。コロスからの問いかけに対して答えるのか、あるいは役者同士の受け答えのことをいってるのか。

大江　アポロンと呼べるような神様も含むんでしょうか。

古井　ええ、含まれるんじゃありませんかね。僕の小説は最後に役者が出てくるところでおしまいになる。それからどういう芝居が展開するのかは、いつも先送りになってます。

小説の本来は何かとは考えるんですよ。すると、僕のやってることは小説の本来の、その直前までじゃないかという意識はあります。

大江　直前までというのが凄《すご》いところです。僕は『晩年様式集《イン・レイト・スタイル》』を書くうちに、もう小説は終った、と感じ始めたのですが、振り返ってみると、二十二歳のときから自分には小説を書くことのほかにはなにもなかったという気がします。

今も古典に類するものは別にして、同時代の小説を熱心に読むのは、自分がどのように舞台を作ったのだったか検討したくてよそを覗《のぞ》いてるんです。そんな自分にとって、『鐘の渡り』は、いま現在の作家の仕事の規範のようでした。小説の道のここが行き止まりじゃないかと切羽つまった気持になるほどでした。

古井　個人の書く小説が最後のところでギリシャ悲劇に通じていくのであれば、それは小説にとって救いになるのではないかと思います。だからこそ、「小説」の行為は、もうこれが最後だと思っても、やはり「n＋1」となって、「＋1」が残ってしまう……。僕が大江さんの小説を読んでいていつも興味深いのは、その「＋1」なんですよ。その都度、反復じゃない「＋1」がどうしても出てくるでしょう？

大江　あなたが言われた「反復」という言葉は大切な言葉です。老年になってみると、ほとんど反復しているのだけれど、しかも「＋1」をねがっている……あなたの言ってくださったことをねがっていた、と思います。古井さんの小説も、一篇一篇ではいわば反復という手法を取っているところがある。しかし、八篇の小説をあらためて読み通すと、それぞれが違う復原となっている。それこそ「＋1」が新しい舞台をみたしているんです。

しかし、いまあなたの反復という言葉を受けとめて、あらためてギクリとすることがあります。

僕の小説はこの十五年についてとくに明らかですが、枠組みとして、新しい舞台に出て来る人物の、役柄を作ってしまっていたということです。長江古義人という小説家がいて、妻がいて、アカリという障害を持った子どもがいる。なにより先にその舞台の枠組みを作ってしまっては、古井さんのめざされる最後の飛躍としての舞台作りには至らないのではないかという思いはずっとありました。

古井　しかし、最初に舞台を設定しても、書き進めるにつれて、その舞台の奥行きや流れは変質しませんか。

大江　その通りです。自分ではそれを頼りにしていたわけです。先の自覚はありながら……。

古井　大江さんの小説には、その面白さがあるのではないでしょうか。舞台とは書き手から独立した生命体で、独自の成長力と繁殖力があるでしょう？　舞台が勝手に動く。舞台が書き手をつぎへうながす。つぎをせまる。これは、書き手にとってもどうにもならないようなものですね。

大江　あなたの評価には励まされます。しかし、僕が「＋1」をなんとか出し得たかとすれば、前もってのその枠組みに支えられて、のことなんです。その限界はあります。僕の小説の枠組みとしての長江古義人は老いてゆくことを除けば、変わらない。アカリも障害を持ちながら年を加えてゆくことで人間らしい深まりはあると思いますが、やはり根本的には変わらない。彼らのその生活を描いてゆくうちに、なんらかの新しいものが現れて「＋1」を表現して小説が終わる。そして次の小説へと進むけれど、当の枠組みは続けられる。『晩年様式集《イン・レイト・スタイル》』で終るまで僕は小説家として本質的な転換はなかった。アカリのモデルが生まれて来て若い長江古義人の引き受けたことは、そのように五十年続けられた、といえるようには思いますが。

人生の境目の一夜

大江　それでは『鐘の渡り』の八篇の中で、これから具体的に「方違《かたたが》え」「鐘の渡り」「机の四隅《よすみ》」の三篇を題材にして、話を展開しましょう。

「鐘の渡り」「机の四隅」は新しいあなたの代表作だと言って差《さ》し支《つか》えない水準だと思います。当初はその二つについて聞こうと考えていたのですが、あらためて読み直したら「方違え」という小説が前に進み出てきたのです。この小説は、「鐘の渡り」と「机の四隅」より少し短いですが、舞台を作ることにおいて、もっとも成功しているのではないか。

「方違え」は、《引越しの夜の更《ふ》けた部屋のことが思い出される。》という一行ではじまります。冒頭の文章がじつに独特なものです。引越したその夜のことを、誰かが思い出してるらしいけれども、わからない。読みすすめると、《引越しの夜の更けた部屋のこと》を思い出していたのは、その人物がまだ子供で戦後まもない頃、父親が縁起をかついで凶の方角を避け、別の場所に一泊してから引越しをした、その方違えの一夜のことだとわかってきます。さらに、母も父も亡《な》くなり、六十年たって兄も亡くなってるのが語られるのですが、一番最後は、時間が遡《さかのぼ》って、

《――こうしていても眠れはしないので、そろそろ行くか。

雨のまた寄せる中から兄の声がした。そうつぶやいて目をつぶり、寝息を継いだ。そろそろ帰ったら、とうながされたと弟は取って、兄の寝顔をしばらく見まもってから、では帰るね、近いうちにまた来るよ、と声をかけると兄がうなずいたようなので病室を立った。》

と主人公が兄を最後に見舞ったときのシーンで終わるのです。つまり、ラストの時点では、物語は何も終わっておらず、手前にもっと先のことが書かれていた、という不思議な構成です。

古井　時間が前後しながら、そのつど「現在」となる、という流れ方ですか。

大江　小説の奥にあるのは、四十なかばで失業した父親が、八方を塞《ふさ》がれていると思い込み、迷信に凝った知合いの影響も受けて、方違えで一夜を過ごした話です。この出来事について、病床の兄が弟に話した回想が中心となります。だが、父親がなぜ引

越するにあたって、方違えの一夜を過ごそうとしたかを、父親よりほかの三人はよくわかってない。そもそもの引越しの受け止め方が、兄と弟と母親でそれぞれ違うのが小説を複雑にします。

母親は小説の中でほとんど物を言わない人ですが、方違えを定めて父親が席を立《き》った後、溜息《ためいき》をついて印象的なことを口にします。《お父さんは家の焼けるのを目の前に見ていないので、あんなことを言い出すのですよ、わたしたちにはもう方角も何もありませんよ》あなたが苦しいように、自分の緊張もあの空襲の夜に始まって今に続いてるんだ、と彼女はしっかりした思いに立っていて、美しいシーンです。

父親は、不安になっていて、《わずかにひとすじ細い道が見つかった、すこしでも踏みはずしたらあぶないことになる》だとか《その日の内は、夜が明けるまで、大きな声で話してはいけない、いま何処《どこ》にいるかも、なるべく思わないようにしろ》などと家族に命じる。

兄は、方位だの星のめぐりだのについて聞く耳をもたず、父親に対して正面から異を唱える。それに比べ、弟は十歳だったせいか、特に事態を不思議に感じた記憶がありません。

小説の現時点では、父も母も兄も死んでいて、方違えのことを覚えているのは、弟だけです。しかし小説の最後に前面に来る舞台は、兄の死に近い病床へ弟が見舞いに行く場面になる。そのシーンがまさに舞台をなして小説の最初と最後が結びつき、すべての登場した人物が生き生きと実在している。「方違え」のもたらしたものが比類ないくらいよく書かれていると思いました。

古井　ありがとうございます。この小説の読みどころは、人から見れば馬鹿《ばか》げた方違えをやっているあいだの父親が、兄のほうの回想からすると、もっとも家長らしかったという、その不思議さなんです。

大江　《しかしあの方違えの間、親父《おやじ》はしきりと物に怖《お》じるようにしていながら、まさに家長の顔だったな》というのが、終始批判的だった兄の病床での発言ですものね。

古井　人生には、後から思って、こちらではなくあちらへ行っていたらどうだったかという境目がありますが、その境目を回想ではなくて現在に重ねて書きたかったのです。過去の時を今に戻して書きたい。最後の場面も、《こうしていても眠れはしないので、そろそろ行くか》と死ぬ前の言葉でありながら、同時に方違えの一夜の兄の台詞《せりふ》ともなりうる言葉にしました。

大江　その前の、現実の雨の音と、方違えの一夜の雨の音がシンクロナイズする場面もいい。《時雨《しぐれ》めいた雨の走る季節になっていた。あの夏の方違えの夜の、宿の屋根を叩く通り雨の音へ、年月を隔てて耳をやった》。別々の時間に、確実に彼がいたのだと、今の時間ではっきりする書き方になっています。そこからラストまでの文章の重ね方が素晴らしい。

《父親の遭った奇妙な惑わしから始まって、一家は危い境にあったようだ。雨の降りかぶさってくる音にのべつ眠りを破られながら父も母も、惹《ひ》きこまれて兄も、もしもこの中途の宿でよけいな口をきいて、こんなところで寝ていることをお互いに怪しんだら最後、せっかくここまで来た方違えを踏みはずして、やがて一家の離散の道をたどりかねない》。あの時、僕たちは何してるのか、と言い始めたら、それですっかりおしまいになっていたのではないかという緊張感に満ちています。

そういうことにならないようにしなくてはいけないと、《無言のうちにいましめあっていたように、今からは聞こえた》。考えた、というのではなく、《聞こえた》なんです。《あるいは三人それぞれ、急に莫迦《ばか》らしくなって頭を起こしては、たわいもなく眠る末の子の顔を、そんなことになったら不憫《ふびん》だと眺めたのかもしれない》。ところが今は、その一番のんびりしていた弟がみんなの死を看取《みと》って生き残っている。そのように過去の方違え、そのすべてが前景化する舞台が最後に設定されています。

古井　あったことと、あり得たことが、現在において同等の重みを持つということがありますね。あり得た可能性として、兄は、一人逃げ出した自分を思っているんです。それが最後の、「――こうしていても眠れはしないので、そろそろ行くか。」という台詞です。

大江　かつての方違えという民俗学の一主題を超えて日常生活の今日に溶け込んでいる。実に不思議な小説です。

古井　方違えは、僕の子どもの頃はかなり本気で考えてたようですよ。守れば幸いを招くということよりも、それを外した場合に祟《たた》りがあるんじゃないかという畏れがあった。貧しい時代で波乱も多かったから、引越しを機に破綻《はたん》へ傾くことも実際よくあったもので、ずいぶんと引越しの方角は考えたようです。

大江　あの敗戦から十年ぐらいの間に、近代化以後の日本の歴史の様ざまな局面が綻《ほころ》びて変化したわけです。その大きな変動の時代に、市民が方違えのような行為を一瞬再現して、このように生き延びたのだと思いました。

古井　方違えの情景を歌っている室町期の連歌があるのですが、方違えの宵の口の雰囲気は独特なものだったようです。中間の宿に行って、宵を過ごして夜中から動く、その自分の身が定まらないような寒々とした雰囲気が歌になってます。

大江 僕も敗戦時の十歳から永く生きて来て、家族と一緒にいる今を不思議に思う夜があるようになりました。その自分にも、記憶はないが方違えをして一晩を過ごした夜があったのであって、その一晩が自分の人生そのものなのではなかったか、という気がする。

古井 きっと日本人の情感の中で、方違えは「死して蘇《よみがえ》る」に通じることだったんでしょうね。逢引《あいび》きの手立てや手続きとして使われたこともしばしばあったようですが、いずれにしても、見知らぬ荒涼としたような家に行って、そこにしばらく居てから、さらに遠いと感じられるところへ移るわけですから。宵の口に、自分がどこか彼岸《ひがん》に一度渡ってしまったような、あるいは此岸《しがん》と彼岸との境のあたりにしばし居るような心持ちにもなるのではないでしょうか。

大江 僕の経験からいうと、日本人の庶民は天国なんて考えたことがないという気がします。死ぬとは、天上にいくことではなく、わけのわからない場所に移動するだけだということかも知れない。

古井 確かに、キリスト教文化圏では、「方違え」に相当する言葉は聞いたことがありません。

連歌の大きな宇宙

大江　「鐘の渡り」という小説を、この短篇集の中心的な作品と読む批評家が幾人もいますが、それはどうお考えですか。

古井　「方違え」と比較して、「鐘の渡り」をポジティブに取る人は多いでしょうね。この二作は一対になるはずです。というのも、僕が入院して手術する前後の小説なんです。また、両方ともきっかけは連歌の一句でして、「方違え」は宗砌《そうぜい》の、

旅に行く身はあらましのこなたにて　心敬《しんけい》
方違へする宿の宵の間　宗砌

「鐘の渡り」は心敬の、

よはくなりゆく山風の末　印孝

鐘遠き里には夢や残るらむ　心敬

という句を出発点にして小説を書きました。

大江　あなたが晩年性《レイトネス》を生きられるにつれて連歌について固有のお考えを深められて、実際に連歌を引用した小説を書かれるのを面白く感じています。僕も晩年性《レイトネス》の意識のなかで連歌の独特さに魅《ひ》かれるようになった。しかし僕の方はそれがよくわかってないという思いがあって、その上での面白さです（笑）。「机の四隅」の由来となった、芭蕉《ばしょう》の《入月《いるつき》の跡は机の四隅哉《かな》》も、其角《きかく》の父親で亡くなった東順への追悼句で、「机」というのはその東順の机だというのがわからないと意味がとれない。かつ、わかってもなおあいまいさは残って、かつ面白い。

古井　これはいきさつを聞かないと、意味がとりにくい句ですね。

大江　外国に行って日本古典をやっている人間と親しくなると、この連歌のひと続きがわからない、とよく解説を頼まれます。自分なりに解釈を作って説明するのですが、それがわからないと返されると、こちらもわからなくなってしまう。

古井　「机の四隅」という小説は、芭蕉の俳句に対する僕なりの受けとり方だろうと思います。芭蕉のこの句を読んで、僕の中で何が凝縮したかといえば、「四隅」という言葉なんです。

大江　あなたの《入月の跡は机の四隅哉》という俳句の受け止めが、まず二重性を帯びている。

一つの捉《と》え方は、《半日の仕事じまいの、立ったばかりの机の上を、自分の先刻いなくなった跡のように眺める。夜明けに寝覚めして手洗いに立つ時にも、窓の暗幕の隙間《すきま》から洩《も》れる薄明りを受けてひとりで明けていく机の上を見返る》という感覚。座っている自分はいないのに、あたかもそこに自分が座っているように感じて、それなら、今ここでそれを見ている自分は誰かがわからなくなっていく。

もう一つは、机の四隅とは、その人の宇宙のようなもので、《見る者の生涯の、常と変わらぬ心で机の前を立った跡の、四隅ではなかったか》という感覚。その二つの意味を活《い》かして、古井さんはこの小説を特別な大きさにされています。実は、その俳句の意味の二重性というのが、青年の僕にはもっとも苦手だったんです。

古井　そうでしたか。

大江　それを自分の力不足だと自覚しないで、俳句はつまらないものだと思ってしまったんです。しかも連歌というのは素晴らしいものだとは感じていて、それこそが難かしい。ただ、たとえば《入月の跡は机の四隅哉》というと、大きい宇宙が開かれてるのに、続いて自分の解釈をする人がいる。その七・七が付けられた瞬間にもう、最初の五・七・五の俳句の世界が卑小なものになると……。

古井　その感覚はわかります。

大江　ところが、それに対してさらに続けられると、一挙に世界が巨大化する。それに対してまた下の句が付けられて、世界が矮小化《わいしょうか》する、その繰り返しというのが僕の連歌の世界のイメージでした。

古井　連歌というのは不思議なものですね。

大江　座というんでしょうか、その集まりの優秀さは特別なものだ、とは感じていました。敬して遠ざかる、ということでした。それがあなたの小説で、再会することになりました。

古井　《入月の跡は机の四隅哉》の「机」については、「歳月の積もった机」と、「歳月を受け付けない机」という二通りの取り方があるんです。本来は俳句も、付け句を予測しているものなんだけど、ただ、この場合は、其角の父親への追悼の文章を締めくくる句なのです。

大江　確かに完結性のある言葉の世界です。

古井　それぐらい大胆にくくられると、俳句を読んでいて、空恐ろしくなることがあります。

大江　あなたは俳句、とくに連歌をずっと前から読んでこられたんですか。

古井　四十ぐらいからですかね。病気をすると、そのあと、なんとなく連歌を読みたくなるというところがありまして。

大江　『詩への小路』を読むと、文学内の異分野への入れ込み方の深さに印象を受けます。

外国語の響きに着目する

大江　古井さんの生きてこられた筋道をたどって思うのは、なにより外国語研究の大きい比重です。学者の中には、当然ながら作家が外国語の書物を読んでいるのと、学者が大学で外国語の書物の研究をしているのはまったく違うものだとする人がいられて、僕などしばしばアシラワレて来ました。古井さんの外国語の読み方は、作家のものでありながら学者の域を超えているようなところがあります。それが小説作品に出ています。たとえば、その言葉がどういう響きから出来上がっているかに深く着目する。ギリシャ語を読むとき、意味だけでなく、まずギリシャ語の音を楽しんで、そこにこだわる。

古井　外国語を読むというのは、言語と言語の宙に迷うということで、小説を書くときもそうじゃありませんか？　言語の狭間《はざま》に舞い、一度宙に浮いてしまい、そのまま浮きっぱなしでは、作品が終えられませんし、気もふれかねないので、どうにか着地するまでギリギリ辛抱しなきゃいけないでしょう。

これは翻訳の苦労ともいえるんですよね。だから、外国文学者で翻訳で苦しんだ人は、かなり作家のことがわかるんじゃないかと思います。逆に、作家でも、与えられた言語を自明と思っていて、言語の宙に迷うなんてことはありえないと思っている作家もいるでしょう。

大江　翻訳者のうちに、英語やフランス語のテクストが翻訳できるのは自明なことだと思ってられる人もいます。そういう方は、実際に翻訳家として大量の仕事をなしとげていられますが……。

逆に、渡辺一夫《わたなべかずお》のラブレー『ガルガンチュワとパンタグリュエル』の翻訳はフランス語の宙に迷い、日本語の宙に迷う、そこを徹底した作業で乗り越えられた。最晩年の改訳も凄いものです。大岡昇平氏が「あれは道楽のようなもので」と評されたことがありますが、あれだけ重く深く豊かな道楽は、常人のやれることじゃないでしょう。

古井　翻訳家はそのつどカオスを渡るしかない。小説家もそうじゃありませんか？

大江　「そのつどカオスを渡る」と言うのが、僕の冒頭で話した古井さんが「舞台を作る」までの、乗り越え作業だと思います。まず『鐘の渡り』の一作一作が、手をつける前に進み行きを予想できるものではない。毎回新しい作品にとりかかる際のあたが、宙に浮いていられるとよくわかるように書かれています。最初の「窓の内」で宙に足を差し伸べて、ちゃんとした舞台に着地できたことで、そのように勝ち取った舞台を次の「地蔵丸」や「明日の空」で役立たせようとは考えられない。

古井　つかんだものは一度放さないと、展開できませんから。放すと心細いですけどね。

読者の中で作者が生きる

大江　僕はこれまで、自分が書いた本は、印刷されると何年間も読まなかったんです。ところが『晩年様式集《イン・レイト・スタイル》』は、本になった日から読んでいて、細部をこまごま直しています。これが最終の仕事だ、という思いがあって、ということにもなりますが……。

そして、繰り返しになりますが、根本の枠組みを外さないで書いて来ていると認める。そうである以上、前もって舞台が設定されてはいるが、それでも一つずつ完結させる感じでは書いたな、と振り返っているところです。今度『鐘の渡り』を読んで、一度舞台に仕上げると、そのすべてを手放すことを全篇でしてられるのになにより驚かされました。そして僕も、八十五歳まで生きてしまったら、『最晩年様式集』の舞台をそれこそ新しく作りたくなるかもしれないなと、むしろ不安に思いました（笑）。

古井　おそらく、そうなんでしょう（笑）。

大江　そういう書き方にこの十五年固まってきましたが、それでも若い時から小説家が小説を書くというのは、危機的な状態に入り込むことだとは思って来ました。

もちろん、東日本大震災後、明日また原発事故がおきれば我々は死ぬという危機に囲まれています。だけど、それとは別に、小説を書くときの危機感はある。

何年か経《た》ったあとに、「あのとき、自分は本当の危機にあった。なんとか生き延びたな」と振り返ることがありました。それこそ、「方違え」をする方向で小説に向かって乗り越えたので、小説家の人生にはそういうことがある。

古井　また、自分の書いたものでも、あとにならなくてはわからないことってありますね……。

大江　僕も『晩年様式集《イン・レイト・スタイル》』を書いて、あとはないと思っているにもかかわらず、それをすぐ読み返して、ここはあとになるまでわからないのだろう、そのまま死ぬのだろうと考えているのに気が付きます。

古井　やっぱり永遠の明日を思わないと（笑）。

大江　僕は以前、ナボコフの『賜物《ザ・ギフト》』という小説から、想像した作者はいなくなるが、創造された人物は残っている、と楽観的な台詞を引用したことがありました。しかしいま、自分についても自分の作品についても、もっとシビアに考えます。つまり僕は、「作中人物も作者も遠からずいなくなっている」、というのが実際だろうと思ってるんです。ところが、このところ「文学の読者は生きている」ということを思うんです。私の読者という意味じゃないですよ。今日、本を読む人がいて、過去に読んだ本を思い出している人がいる、将来も本を読んでくれる人はいるだろうと、文学の読者の存在を信頼してるんです。

古井　また、読者の中で、いなくなった作者がたとえわずか三行ばかりでも生きるってことがあるでしょう。たとえば僕が高校の頃読んだ文豪の作品、当時はそんなにわからなくても、鮮明に残る数行がありました。で、後年、それに導かれて読み返すわけです。

大江　そこにはたとえば古井さんが翻訳されたロベルト・ムージルも入りますか。

古井　入ります。ムージルは、成人してから読み始めたから、まあ、読み方もかなり理性的になってはいるんですけど。

大江　僕の方は、翻訳をしたことがないけれど、若いときからずっと読んでいるのはボードレールとマラルメとヴァレリーの詩で、何十年と読んでいるうちそれらの詩が理解できてるんじゃないかと思います。学生の時のフランス詩の先生がいい方だった、ということもありますが……。

ところが、同じく長く読んでる英語の詩のT・S・エリオットは今もよくわからない点があるんです。どうも僕にはエリオットの詩と一緒に生きて来たという感じがしない。長い付き合いなのに気心の知れない友人としてエリオットの詩がある気がします。

ところが、このところそのエリオットの作品と詩人の生涯を結んで読むと、なんとなく理解できる気になります。エリオットほど生活と関係のない詩を書いてる人はめずらしいと思いますが、それでも、例えば *Four Quartets*『四つの四重奏曲』は、戦争中の経験が直接反映している長篇詩なので、エリオットの人生と重ねあわせて伝わって来る気がします。そしてそれは私の老年と関係しています。
それと同じことが言えるのは、西脇順三郎《にしわきじゅんざぶろう》の詩です。やはり若い時からわからないと思いながら、ずっと読んできました。ところが、新倉俊一《にいくらしゅんいち》さんの『評伝 西脇順三郎』（慶應義塾大学出版会）を繰り返し読んでるうち、こういう人間の詩だと次つぎ納得される感じがしました。つまり僕には、その人間がその状況というか時代というか、それをどのように生きたかと結び付けないと詩が本当にはわからない。

古井　実は僕も、ライナー・マリア・リルケの『ドゥイノの悲歌』を自分で訳しておきながら、こんなこと言うのは何だと思うけど、自分がリルケの詩をよくわかっているとは思ってないんです。

大江　あ、そうですか。

古井　何かリルケの精密な評伝を読んだら、もっとわかるんじゃないかと思ってます。詩の訳しづらいところに何か一身上のことがあるらしい。

大江　ちなみに、『詩への小路』には、ドイツの若い詩人のシュテファン・ゲオルゲがパリのマラルメの火曜会に出席して、ということがありました。あれを読んで以来、ドイツの十九世紀からの詩人で僕に一番リアリティのある人がゲオルゲになりました。

散文は無駄が命

大江　そういうわけで海外の詩も江戸期の連歌も僕にとってよくわからないものです。一方で、自分がさらに晩年で病気でもして弱ったときに読もうと思ってるのは詩なんです。どんな偉大な作家の小説でも、散文にはどうもそういう時の読書には無駄な部分があるんじゃないかという気がする。

古井　それはそうですね。だけど、散文は無駄な部分が生命でもありますから。

大江　僕などはまさにその無駄な部分だけを大量に書いてる（笑）。そして小説家は無駄なことを書こうとし、詩人は本当のことを書こうとしている、という気持が、これも若い時からあります。

古井　本当のことをつかみかけると、言葉が逃れていく。かろうじて最後の言葉を捕まえてあらわす。それは詩にしかならないでしょうね。

大江　そこで、詩の翻訳ということですが、実際にやってみられてどういう経験なんでしょうか。

古井　うまくいくものとうまくいかないものがあるんですよ。どう苦労しても日本語に移せない詩もある。逆にきれいに訳せる詩もあるのですが、それもまた問題で、後から振り返って、どうしてこうきれいに訳せてしまったのかと後悔することもあるのでしょう。

大江　あなたは、そのようにして詩の困難について具体的に考えてこられた小説家じゃないですか。

古井　いや、ちょっと力に余ります。

大江　日本語の詩人ではどういう詩人を読まれましたか。芭蕉や其角は別にして……。

古井　あまり集中して読んだことはないんじゃないかな。しいていえば、三好達治、かな。

大江　僕も大学にいる間に三好達治の大きくて高価な自選詩集を無理して買って数かず覚えました。それを今もしばしば思い出すのに、自分の小説に三好達治の詩はどんな影響も与えてない気がします。

古井　詩の影響というのは、日本の小説の場合、難しいですね。一体、日本の詩人が日本の散文家にどう影響を与えたかがよくわからない。

大江　ゴーギャンに《私たちはどこから来たのか　私たちは何者か　私たちはどこへ行

くのか》という詩句を書き込んだ絵がありますが、あのタイトルに若い時から今まで影響されていますが……。

古井　考えてみると、聖書の文章も詩でしょう？　例えば旧約聖書のイザヤ書は、第一イザヤを祖として、第二イザヤ、第三イザヤと、同じ詩のスタイルをさらに後世が受け継いで書かれている。いくつかの時代にわたって書き継がれていながら、詩として統一されてるし、独自の音律がある。どうも論理、認識、道徳は、音律と深い関係があるのではないでしょうか。おそらく人の考えの大もとに音律がある。

ところがそれを日本語で口語化したら、少し音律から外れますよね。西洋人の論理、道徳の基礎が詩文で書かれてることをわれわれ日本人はどう取るべきか、と思うのです。

大江　ところで、『万葉集』から現在に至る日本文学で詩が一番停滞していた時期は新体詩運動のときだと思います。あれは日本語に本質的な影響を与えていない、しかも大きい流行だった詩の文体だという気がします。

古井　はい、文学としては切り捨ててきましたからね。ところが、新体詩って不思議なことに、唱歌にはなりやすいんですよ。七五調、五七調だからメロディをつけやすい（笑）。それに、おそらく自由民権運動の演説口調は、音律的に新体詩と深い縁があるんじゃないでしょうか。

大江　僕も明治の散文家で誰より独特なのは、自由民権運動の人々だと思います。例えば中江兆民といった散文家たち。中江兆民の文章の一節を読むと、意味も人間性も声の響きに乗って伝わってくる。幸徳秋水が中江兆民を悼《いた》んだ『兆民先生』他は、日本人が作った、一番いい散文じゃないだろうかと思います。

古井　あの新体詩口調というのはきっと妙な影響は残したんでしょうね。

大江　政治的な人間に影響を与えて、まるっきりの文学者たちには影響を与えなかったんでしょうか。

古井　まあ結局、明治から大正の優れた文学は新体詩を脱却していて、僕らはそういうものばかり読んでるから、わからないだけなのかもしれません。

古典は翻訳か原文か

大江　翻訳ということですが、僕は、いわゆる『日本文学全集』というようなものの古典は、現代語に翻訳すべきだと思います。日本文学の古典を原文そのままで日常的に読む人は、あまり多くないでしょう。外国の大学で日本文学の研究を始めている若い研究者たちはしっかり現代日本語を使用できる人たちですが、『源氏物語』ならまず翻訳をとすすめています。僕自身、『源氏物語』の新しい翻訳が出ると常に買っていました。それをベッドに入って読んでると、よく頭に入らなかった部分が無理なくわかるようになってきて、そのうち原文でもなんとなく読み終えることになりました。僕は現在の若い作家たちが、海外文学の翻訳もいいけれど、この国の古典を積極的に訳してくれることを望んでいます。新しい読者にも若い作家自身にも役に立つでしょう。

古井　しかし、今の中堅の作家や評論家が、古典の翻訳にあたるとします。それだけの言語の緊張力があるかしら。

大江　そうした現代文の文体を作れるか、ということですね。やはり原文で読むべきですか？

古井　現代語訳で読むべきと言えるのは、まだまだ先のことでしょうね。誰か死ぬほど苦しんで現代語に訳す人が出た場合ですよ。谷崎でも、だいぶ楽に訳してるでしょう？

大江　『源氏物語』の谷崎訳は、谷崎自身の文体が強くみえるのがよくないと思うんです。僕などでも、紫式部の文体とは違うだろうと思ってしまう。

古井　それに、『源氏物語』は一人の作者のものではないようで、文体も少しずつ違っているようですね。

大江　大野晋《おおのすすむ》さんの『源氏物語』（岩波現代文庫）は、そのひとりじゃない書き手のことをよく検討してテクストを選択したものですが、そこに原文と並べて引用される大野晋文体の訳がいいです。あのやり方でまるまる訳しておいてもらったら、その本と原典とあわせて豊かで正確な読書ができたろう、と思います。

古井　うーん。これは本当に危険な選択で、日本の古典を現代語に翻訳するなら、死ぬ気で苦しんで完訳することが大事です。生半可な覚悟だったらやめておいた方がいい。

大江　もひとつ、読者の側からいえば、学校で古典を習ったことをきっかけに自分はあれこれの古典を原文で読み続けたという人にはあまり会ったことがありません。その原因として、この国の教科書がおさめている古文は、テクストの全体を入れてはいない、ということがあります。たとえば『源氏物語』でその一巻をまるごとおさめてる教科書はないでしょう。日本の国語教育の世界は、古典をどんどん細分化して、その一部だけのせる仕方です。

『源氏物語』は長すぎて、というのなら『徒然草《つれづれぐさ》』や『枕草子《まくらのそうし》』のある長さの一章をまるごと教科書に載せる仕方でもいい。そうすれば『徒然草』や『枕草子』のあるかたまりとしての面白さはつたわります。それが全体の通読を導くでしょう。

古井　『徒然草』には、書きながらの散逸寸前の面白さがありますね。書いたところから放つような。すべてが断片だし、実際に散逸する寸前に保存されたもののようです。だから、本当のところ全体像はわからないはずなのだけれど、それでも何か全体性を感じさせます。

晩年の人間の危機感

大江　僕は、古井さんと同年輩ですが最初に「先導獣の話」を読んだときから、若い小説家だと思ったことがありません。作品に出会うたびその年齢としての円熟を表わす書きぶりで、しかも当の時どきの危機感を持っていられると感じて来ました。近年は作家、芸術家の「晩年性《レイトネス》」を主題としていたエドワード・サイードが生きていたら紹介したかったと思います。

そこで、晩年の人間の危機感が剝《む》き出しになっている作品として（もちろん完成度は高いですが）『鐘の渡り』を読みました。五年前の対談で、「老年の明晰《めいせき》さ」というものがあり、「その明晰さは混沌《こんとん》と紙一重の境なんです」と言われましたが、古井さんの近作はそれを達成していられると思います。

古井　老年になると時間が、「今ここ」に収斂《しゅうれん》されていくでしょう？　すると、過去から未来への時間の引力によって束《つか》ねられないものだから、余計にカオスへ拡散しやすい。結局、その手前に明晰さがあるはずです。カオスに引き込まれたら、もうそれまでですが。マラルメは、意味が解体しかけたときに、クラルテ、明澄感《めいちょうかん》を出しますね。

大江　フランス語の特性かも知れません。ところがいま僕はクラルテ、を暗くて……と聞き損じて、これも老年の現象ですが（笑）、古井さんの小説には「くらい」という言葉が特別のもので、いろんな局面で、「暗い」「闇い」「冥い」「昏い」というようにさまざまな漢字を当てて使ってこられたことに思いが行きました。

古井　近頃はまた別に思うところがあって、幻影は闇《やみ》の産み出すものではなくて、むしろ一閃《いっせん》の光の、遠近もひとしなみにする明るさが、そこへ立たせるものではないか、などと最近の短篇に書きました。これから、どうなるものやら。

大江　なるほど、また新しいところに向かわれているのを感じます。

（「新潮」二〇一四年六月号）

文学の伝承

ギリシャ語かラテン語か

古井　お目にかかるのは今年（二〇一四年）の三月の対談以来ですね。あれから、「門前の小僧習わぬ経を読む」ではないですけど、仕事の合間にラテン語のおさらいを始めたんです。二十代に勉強したきりだったので、「今さらやめろ、あの世まで持って行けるではなし」ととめる声が自分の中でしきりだったんですが、長年外国文学に興味を持って、書いたり話したりしてきたので、お礼奉公の気持ちでした。疲れたらやめようと思いつつも、根が凝り性のようで、とうとう呉茂一《くれしげいち》の岩波全書『ラテン語入門』の練習問題を最後までやり終えました。どうもそういう習い性が、自分に深く埋め込まれてるようです。少年の頃から、外国語の文法に熱を入れた名残なんでしょう。

大江　文法自体がお好きなんですか。

古井　結局好きなんだろうと思いました。

大江　僕が古典語の授業に出たのは、駒場で一年ずつラテン語の呉茂一先生、ギリシャ語の高津春繁先生のクラスに出ただけです。

古井　呉茂一はギリシャ語の先生でもありますね。おそらく僕は、ギリシャ語とラテン語の入門書を両方一緒に買ったんでしょう。昭和の三十年代のことのはずです。何人かの仲間と集まって、ギリシャ語のおさらいを一応終えてラテン語を始め、途中でやめた記憶がおぼろげながらあります。

　日本人には、古典を外国語に求める習性が古い時代からあります。戦前までは漢文を修めないと日本語が書けないと言われてました。一九三七年生まれの僕にとっては漢文にあたるものが、ラテン語、ギリシャ語なんじゃないでしょうか。まさか自分でもこの年になってラテン語を勉強するとは思ってなかったですが。

大江　古井さんの頭にはまだ前へ進むエネルギーがあるんだなあ。

古井　さすがにラテン語にくたびれてからは、もう一度日本の連歌に戻って、心敬と宗祇《そうぎ》の歌を、一句ずつ丁寧に復習してます。連歌も、本来は僕には半分わかるかどうかというものです。僕の持っている音律や意味構造にははまって来ない。世界観、死生観も違う。永遠にわからないのではないかという気もしますけど、せめて調べだけでも、こちらに呼応するものがないかと読み続けてます。
するとかつがつ音律が聞こえてきます。その音律にはなかなか乗れないんですが、ずっと読んでると、ときどきわずかに乗れる。そのときの恍惚感《こうこつかん》は捨て難いものです。

大江　先生方は最上の方だったのに、教室でのラテン語こそ音の感じを少しは思い出せるのに、ギリシャ語の音はなにも思い出せない、後は引用として出て来る二つの言葉を辞書で確かめて来ただけです。古井さんには、どういうギリシャ語の音が記憶にありますか。

古井　ギリシャ悲劇の音ですね。アイスキュロス、ソポクレース、エウリーピデースといった劇作家の音律です。早くおさらいしたせいか、ギリシャ語の音律のほうが僕には耳に入りやすいようです。それと比べて、ラテン語は、明快、明晰であることは確かだし、レトリックも歯切れがよい。文章構造は確かなんだけど、僕の日本の古典に耳慣れた感覚からすると、こんなことを言ったら失礼かもしれませんが、ギリシャ語に比べて、いささかバルバロイじゃないかという気もするんです。

大江　バルバロイというのは、ギリシャ人にとって耳なれない言葉の、野蛮な連中というふくみだったのでしょう？

古井 ラテン語はいささか鄙《ひな》の言葉ではないかと思うのです。ちなみに、分節という基準で考えると、日本語は分節があまり確かじゃない。ギリシャ語とラテン語を比べると、際立《きわだ》ってラテン語のほうが分節が確かなので、それで僕はラテン語に馴染《なじ》めないのかなとも考えます。

またラテン語の流れからはじまった西洋では、「変わる」ことが重要視されます。比べて、日本では、「変わる」より「移る」という言葉のほうを好む。同じ変移を語っても、「変わる」というのはかなりきつい表現になる。だから、西洋と比べて、日本では時間の感覚が違うんじゃないかしら。前の言葉に重ねて次の言葉をつなげる。それに重ねてまた次の言葉をつなげて、確かな分節を設けない。そこから、一日や年月の移ろいをめぐって日本語の曖昧《あいまい》さが出てくるような気がします。情感を乗せるにはいいんだけれど、弁証法的な展開となると、言葉が粘り過ぎる。ラテン語をやってみて、自分のお里が知れたなと思いました。じゃあ、なんで今まで西洋文学を読んできたのかと問われれば、憮然《ぶぜん》とせざるをえないけれども（笑）。

大江 古井さんはドイツ文学の専門家ですが僕はまったく無知です。ドイツ語にとっての古典は、ギリシャ語かラテン語かといったらどちらにつながる感じでしょう？

古井 ドイツ語はどちらかというとギリシャ語につくようです。フランス文学はラテン文学の直系ですけど。

大江　僕は今年のはじめから、ずっと本を置いてきた書庫の大掃除をやって、それらのうち記憶にあるものを見直しています。それで気がつくのは、古い本も比較的新しい本も古典の翻訳が主ですが、ルビでつけたり時には原語をカッコに入れたりしてギリシャ語やラテン語の引用がかなり自由になされていることです。古典語の暗記に子供の時から慣れてきた人たちと、こちらは学者の厳密な校訂による本ではじめてそれに接する者という、背景の違いを感じます。

古井　偉大な詩人や作家も、少年時代にラテン語学校で散々苦労して勉強しているわけです。教科書は統一されていても、教わる先生によって、読み方や文献が違ったりする。だから、ラテン語の文献が間違って記憶されるんでしょう。

大江　正確にテクストに戻って引用するのも、もっと自由にやるのも、文脈への生かし方で、どちらがいい、悪いとはいえない。

古井　それが言葉の面白さですね。特に日本の古典の場合は、歴史的な伝承が幾筋もあって、文献学者にも定本がなかなか定められない。引用するにもどこから引くのが正しいのか決定しにくいようです。ここでも日本語は「移る」ものなのかもしれません。うんと古い引用の取り方が新しくまた蘇ることもありますし。

大江　とにかくそれぞれの引用の仕方ですが、古典をしっかり洗い直してくれているのが僕は好きです。

古井　中国の古典では、例えば最古の詩篇である『詩経』には、時代によって注釈があり、その注釈がまた古典になっている。漢の時代の注釈はかなり強引ですが、それはそれで読める。漢文には言語の複雑さ、深みをいつまでも伝承できる文化があるんです。

『古事記』の声の抑揚

古井　ところが、最近の日本の文化政策はかなり効率主義になっているでしょう？そういう古い文献学的なことを調べる学者が、果たして大学で存在を保てるのかどうか危惧《きぐ》しています。

大江　僕はかなり前から『文学』（岩波書店）を送っていただいて毎月読んでいます。初めて見るような対象の細かな研究にとりついてゆけないこともありますが、国文学研究者のお仕事は外国語の初歩から始めてのわれわれとは違う、しっかり専門に入り込んでのものですね、学生の頃から。

古井　日本の古典はそうじゃないと成り立たないんですよ。異本が多いので、文献学的な研究を経ないと、テクストが仮にも定まらない。十年やってようやくわずかな発見ができるという分野です。理科系の学者のように、のべつ論文や業績を出せと言われてもどうすることも出来ません。

大江　国文学のまだ初歩の研究者のための専門の図書館はあるのでしょうか。細かな問題点を追究し続けてる文献学者が山といる世界なので、単発の書籍だけではなく雑誌や紀要をふくめて公的な機関がたえず資料を保管して使わせてくれないと、若い研究者が新しい仕事を始める際の、基礎がための作業が難しいと思うのですが。もちろん大学の研究室にはあるでしょうが、そういう所に無縁の人には……。

古井　大きな編纂《へんさん》集はないと思います。国家文庫、ヨーロッパのビブリオテーク・ナショナルにあたるものが。

大江　僕のように早くから研究的な場所を離れて、ひとり本を読んでいる者にも、たまたま友人の山口昌男《やまぐちまさお》からその本の評判を聞いて、かれの勤めていた東京外国語大学の研究室から *Blake and Tradition* という大きい二冊本を借り出してもらって、四十代の初めでしたが、まったく徹底的に影響されるということがありました。ウィリアム・ブレイクについての、キャスリーン・レインの主著ですが、それを手がかりにレインの数多い小さな本は自力で集めて行きました。後にこの詩人を訪ねた高橋康也《たかはしやすなり》さんが、日本の小説家にあなたの本で人生が変った男がいる、といわれたら、ニコニコしてくださったそうです。

古井　詩人や作家や評論家ならまだしも、研究者の場合は、著書を出さず、雑誌や紀要にずっと論文を書いている人も多いですから。

大江　古井さんのお好きな室町中期の歌人、連歌師の心敬ですが、僕が読んだ『心敬作品集』の編者は、その原典を出版させることに生涯を尽くされた人のようですね。

東京帝大の国文科在学中から、心敬の連歌や俳句を散逸しないうちに集めて本にしたいと考えていた。軍にとられ南洋に行きながらも編集をつづけ、ようやく出版にまで漕《こ》ぎつけるが、戦争中で印刷ができない。校正刷りのみを家に持って帰り、運よく自宅が戦災を免れたので、戦後もう一度編集をし直そうとした矢先、結核で亡《な》くなってしまう。それを先輩の方が出版されたのが僕の見た版のようです。

古井　その経緯には僕も頭がさがりました。後を継いだ先輩も戦後何年も世捨人のように暮らしていたそうですね。そういう埋もれた学者もきっと多いのでしょうね。

大江　それに対して、『古事記』の刊本は無数にあるはずですが、僕が初めて原典で通読したのは、バークレイの大学で講師をしてた時、お前も日本語の人間なんだからシンポに加われといわれて、ちょうど出た『日本思想大系』の第一巻『古事記』を取り寄せてのことでした。熱中したものですが、それが今度の池澤夏樹《いけざわなつき》さんの訳（河出書房新社刊）で、すっかり新しい昂奮《こうふん》をあじわいました。

古井　『古事記』には、歌と散文の部分がありますが、節が別々なんです。それがどういう節だったかは現代人には再現不可能ですが、自分の中で受け止めていくことは出来る。節によって、どこで息を入れるのか、止めるのか、これで読み方が大いに違うようです。

大江　『古事記』には、編纂された時すでに民衆の資産だった歌がどういう調子で、どういう歌い方のものか示してありますね。正しく歌い続けられたテクストが作られていたわけです。

古井　音韻は伝達が難しい。こうだと突き詰めても、さて、どう文章で伝えればいいものか。解釈を打ち出して、ある音律を読者に想像させるぐらいのことしか出来ません。

大江　そういう日本語の歌謡の音楽としての多様な豊かさが想像はできます。『古事記』からの千三百年間、『古事記』のテクストの音楽としての実体を受けとめうる人たちがいた永い時間を思います。

古井　難しいのは、日本人の言語は、抑揚の高低差が時代によって違うらしいことです。のちの研究者はそれぞれの時代の声の起伏で受け止めるが、そこで受け止めきれない何かが残るはずです。僕の想像では、『古事記』の声の抑揚はかなり激しい。また、表現に恍惚が伴う。それを古くは「文学」と言ってたんじゃないでしょうか。

大江　『古事記』に記録された、歌謡を共有した人たちの昂揚感が感じとれます。

古井　はしゃぎ、浮き立ち、声に出して高らかに歌っていたのでしょう。

大江　しかもそういう歌謡が、中心の大和だけではなしに、全国の民衆にあり、しかも都の人たちに、つまり最初の『古事記』の読者たちに分けもたれている様子なのが魅力的です。

古井　日本の文化は古来から意外と中央集権ではなかったんじゃないでしょうか。地方に行くと文化の根拠地が山間《やまあい》ごとにある。おそらく日本の文化は中央から広まるのではなくて、あちこちに文化の拠点があり、それを遠くから祭るというかたちで中央があったのではないかと想像します。帰化人も中央に住み着くわけではなくて、それぞれ住みやすい土地に住んでいたんでしょう。

近頃、岐阜県の歴史書を読みました。岐阜県は飛驒《ひだ》山系と白山山系に取り囲まれています。その高山のふもとの谷の相当奥に、かつての大伽藍《だいがらん》の跡が見える。僧房跡もたくさんある。一大文化の中心地なんですよ。そういう中心が日本のあちこちにあったのです。

大江　『古事記』の下巻のなかば、木梨軽皇子《きなしのかるのみこ》という、天皇の帝位を継承する世継ぎの皇子と、その妹の軽大娘皇女《かるのおおいらつめ》が情を通じ、それが原因となって皇子は失脚、伊予国に流刑《るけい》となり、皇女も後を追って二人が自害する、あの伝承が採用されています。そのところ、短篇小説として細部も構成もよくできています。『日本書紀』にくらべるとあきらかです。僕はその伊予の道後温泉からずっと奥に向けて入った地方の生まれで、子どもの頃親に連れられて道後温泉に行くと、あれは、この場所でのことなんだと思いました。

しかし成長して『古事記』の当の一節を読むたび、ここにおさめられている幾つもの歌謡は、最初から自分らの土地にあったのじゃなく、もっと広いさまざまな場所で歌われたものが編集されているのだろうと感じた。それだけの文化的資産を持っていた人たちの存在は驚くべきものです。しかも出てくる登場人物たちは若わかしく、おそらくこの伝承を持ち続けた人たちも若わかしい年でそうしたのだろうと感じる。

古井　古事記の登場人物は十代、二十代の人が多いんじゃないかしら。

大江 近代化のなかの僕らは、結局『古事記』の伝承が作り出され、伝えられた人々の共同体から離れた社会で文学を作ってきました。とくにこの百五十年ほどのわれわれの文学は、あきらかに貧しく狭いものでしかない……。『古事記』以来の日本語の文学のスパンで考えると、今後最初に消滅してしまうのが近代文学なのだろうと思います。

古井 大体、伊予に追放されたといっても、当時の大和と伊予とはそんなに文化的な落差はないですよ。追放されたといっても、住み替えのようなもので、囚《とら》われの身ではなかったはずです。おそらくスサノオノミコトの頃からあちこちに文化の豊かさがあったはずです。それに比べると、今のわれわれは中央集権の成れの果てです。

大江 古代も今のわれわれも使っているのは同じ日本語だし、自分たちの古典に深く広くつながる文学を新しく作る基盤はあったはずなのに、実はその逆のことをやって貧しくなってしまっているのかも知れません。

古井 普遍化された分だけ失われるものがありますね。文章を書いて、推敲《すいこう》するわけですが、何をもとにして推敲するか。自分の根っこは何か。今の時代はこれが難しい。

文体上の渋滞

大江　古井さんはこのように古典を読み続けもしながら、もう長期にわたって、それこそ今現在の文芸誌にほぼ隔月で連作短篇を掲載されています。それが中絶しそうになることはありませんでしたか。

古井　どうなんでしょう。僕は、もう自分の文章の由来がわからないと思って書いているのです。多少でも由来がわかったら、書きやすくなるんではないか、そう思って小説の合間にいろいろと古いものを東西にわたって読んでるんですけど、未《いま》だによくわかりません。由来がわかったとき、ようやく自分の文章は成熟するのではないかという気持ちでやってます。一方で文章が熟したら、もう書かないのではないかとも思いますけど。

大江　僕の小説の出発点は、海外のものの翻訳をふくめあれこれ読むうちに、ひとつずつ着想したまま書くというものでした。それではダメだと行きづまって気がつき、自己流の方法をたてた。こまごました部分のノートを作り、それを編集する仕方で、草稿を作ります。小説の最終稿がはじめの発想のままであることはないんです。ただ、何らかの本能に導かれて、あれこれの発想をする。それをもとに第一稿を書いているというふうです。単純な話ですが、僕はこのやり方で五十年を超える小説家の生活をしてきました。

「三・一一」の自分としてかつてないショックがあって、ともかくも終りの方から自分の文学の仕事を検討して、とまず『晩年様式集《イン・レイト・スタイル》』を作りました。そうすると、自分がもう新しい小説を書く地平から切り離された、という気がした。これまでの通りの小説を書く終わりは来てるんだと感じたわけです。

そこで自分が小説家としてやって来た全体を検討してみることを思い立った。しかしもう年で長篇小説の全部を読む気力はない。自分の二十代半ばから七十代にいたる短篇小説を全部読んでみたわけです。そして、年齢の時どきにそくした仕事として納得できるものに丸をつけました。読み返すとそれをやらずにはいられない「人生の習慣」で、幾らか手直しもすることになりました。

その結果、子どもの時からその作りにあこがれていた文庫で、八百ページを越える『大江健三郎自選短篇』(岩波文庫)にしてもらいました。

古井　大江さんの短篇は何本ぐらいになりますか。

大江　初期の二十代、三十代にそれぞれ十五篇ほど書いています。併行して中篇・長篇を書き始めました。そのかたちで進むうち、四十代に入ると単独の短篇を書くことはやめて、幾つかの短篇を連作するようになりました。ある短篇を書いて、推敲《すいこう》して一つの作品に仕上げても、その余波が自分の中に残る。それを別の短篇にするということを繰り返す。つまり連作化したものです。さらに時がたつとそのような短篇連作もやめて長篇だけにした時期が続きました。それから、作家としての晩年がきたと感じ始めて、時おり書くようになった短篇が六篇ほどあります。

それらを集めて二十三篇にしぼって、先の文庫本にしたんです。もう締切りがあるわけでも、催促があるわけでもないので、少しずつ読み返しながら手を入れて行きました。諦《あきら》めでも、達成感でもなく、ただこういうことを二十二歳から七十代半ばまで続けてきた、自分はこのように生きてきた、この八百ページ強の文庫本一冊にその実体がある。そういう思いです。読み返すと、それほど昔書いたものという感じはしないんです。

古井　僕も『古井由吉自撰作品』(河出書房新社刊)を出した頃、古い自分の作品を読み返しましたが、昔書いたという気がしなくて困りました。

大江　あれはどういうことなんでしょうね。

古井　僕はここ二、三十年、短篇を書くときは、まず音律が聞こえる気がするところから書き始め、しばらく書くと、それが尽きる。また次の音律が聞こえるまで待つ、ということを繰り返します。四十歳頃の作品でも、一篇の内にも音律が何色かあるんです。

ところが、三十代はじめの最初期の短篇を読むと、驚くことに一篇を一つの音律で押し通してる。これは意外でした。はじまりに自分の正体が出てるんじゃないか。その正体をさまざまに表すために、自分は長い間やってきただけなんじゃないか。年を取るにつれて正体を見失い、見失うことを表現の原動力にしてやってきただけなんじゃないか。そう感じて啞然《あぜん》としました。

大江　古井さんの作品の文体の「一つの音律」というのは日本語の近代文学でまさに独自のものです。若い人たちには、それを意識して今の発言を読んでもらいたい。「一つの音律」のただの持続というのじゃないんです。年寄りの説教になりましたが（笑）。僕は今の厚い文庫本をこのところベッドの脇《わき》に置いて、光を捉《とら》える力が弱くなってきた目で一篇ずつ読んで眠ります。

古井　それにしても、若い頃からの短篇をすべて読み、二十三篇選んでまた手を入れるとは、さすがにこれは業《ごう》みたいなものではないでしょうか（笑）。僕は手を入れたら切りがないと思ってさすがにやりませんでした。

大江　業よりフラナリー・オコナーのいう"The habit of being"なんです。『自選短篇』を作りながら、初期の短篇に削りたい、書き加えたいという思いはないんです。書く際も楽しかった。それがなぜ小説家として苦しい作業が人生の大半となったか、僕が決意をして初期の短篇の文章を捨てたからです。こんな自然発生的な文章ではダメだ、職業作家として生き続けることはできないという強迫観念に捉えられた。そして、自分の文章が持ってた自然な形を壊して、とにかく複雑な文体に作り替えた。『万延元年のフットボール』からです。

古井　どうしてもそういう時期を迎えますね。

大江　それからです、あいつの文章は難解だ、という定説ができたのは。意識的にその批評どおりのものにしたんです。あれは思えば悪い選択だった(笑)。

古井　でも、それはしかたがない。

大江　ええ、あの転換がなければ、僕は小説家をやめてただろうと思います。

古井　僕も初期の文章のままで続けていたら、多分、小説家をやめてると思いますよ。初期の短篇は、それなりに完成度は高い。でも、そのままで行ったら書けなくなる。

大江　僕はあなたの初期作品「先導獣の話」を読んだ時の鮮烈な印象を覚えています。

まず先導獣という言葉を初めて知った。

古井 Leading animal にあたるドイツ語を直訳したものです。牧畜で、人間に対して素直な一頭を前に置くと、この一頭の動くままに群れも動くといいます。

大江 先導獣という言葉とともに、新しい悲劇を担《にな》う人物像を作られた。これは特別な作家だ、この短篇はいつまでも記憶されると思いました。

僕のデビュー作は東大新聞に載った、「奇妙な仕事」という短篇です。本来は「獣たちの声」というタイトルだったんです。まずそのタイトルで一幕劇に書いたんですが、小説にするんだからサービスしようとして、「奇妙な仕事」という安直なタイトルにした（笑）。

とにかくそうやって短篇を書いたのですが、いったん発表してしまうと、次作は自由に書いているつもりでいて、当の文体に束縛されてしまう。

古井 すると、しだいと音律が固定してきますね。

大江 そうです。弱いなりに固定してしまう。小説を書き始めて数年間は、僕は小説の勢いとして弱いと思いながらもその文体を捨てられずにいました。それに気がついて、もっと強い人工的な文体を作り出そうとした。それから、文体上の渋滞が始まったわけです。文体がそういう方向にゆくと、主題もヤヤコシイものとなってゆく。そういう時期があった。

そういうなかで、熱を出してぶっ倒れたんです。衰弱してしまって、どんな作家の本も読み続けることができない。そこで自分の今まで書いた小説を読むことにしたんです。ところが、現在に近いほど、自分の小説が、読んでいて息苦しい。こういうものを、他人に買ってもらい読んでもらっていたのかと反省しました（笑）。そこが僕の小説家としてのあらためて二度目の転換期になりました。

古井　自分の文章が自分にも他人にも鬱陶《うっとう》しいというのはよくわかります。

大江　小説は、最初になにより自然な、自分に自発する勢いとしか言いようがないものがあって、そのまま言葉を選び、主題を選び、文体を作ってきたはずだった。ところが、当の自分が書いたものを、しかもきれいに印刷された形で読んで文体から主題まで息苦しいのはどういうことなのか。自分が生きていることに小説が逆行している。もうこういうことはやめなくてはいけないと思いました。

それで僕は、いつも僕と家内の生活の中心にいる障害児として生まれた自分の息子を小説の中心に置くことにしたんです。それまで「私小説」というものを敵だと考えていたのに。それが自分の子供の、普通文学の言葉とはならない、書き手にも他者の言葉である、その障害のある子供の言葉をとり入れよう、と考えました。

古井　声を人に求めるのは、小説家として大事なことじゃありませんか。自分の声だけではやっていけませんから。

大江　結局、出来上がった作品はやはり自分の声だと言うしかなくても、あのとき、他者の声を自分の声より大切だと認識したのは大きいことでした。なかなかわかってもらえませんが、僕は知的な障害のある子供の言葉を通じてそれを発見したんです。

古井　いわば声を他者に求めるのは作家の生きながらえるすべでしょうね。僕も四十半ばあたりに、このままではもうどうにもならないと思って、できるだけ多声、ポリフォニーのものに取り組んだのが『山躁賦《さんそうふ》』でした。人の声が響くようにできるだけ心がけました。行き詰ったとき、人の声が聞こえてくると、また自分の表現も出てくる。あれでずいぶん解放されました。

偶然には〈わたくし〉は発生しない

大江　自分の息子との生活をあれから何十年も書いてきた以上、批評家にうけた私小説家という否定の評価は逃れられない。同時代のこの国の批評家として僕は丸谷才一さんを中心に見てきましたが、その批評の根本には私小説批判があります。彼は、日本の近代文学、現代文学の最悪のものは自然主義的私小説だとしていました。西欧の文学と違って、日本文学では私小説が特殊に肥大し、複雑化した。それが日本文学を上等ではないものにしたというのがその主旨でした。

古井　まあ、それは一つの捉え方でしょうね。

大江　僕は一生丸谷さんの評価はえられなかったと思うけれど、あの人から唯一《ゆいいつ》あたえられた積極的な評価は、大江の小説は私小説だけれども、自然主義の歴史からは独立しているというところ。

古井　僕も、自然主義と私小説はまた違うものなのではないかと思います。明治の自然主義文学の〈わたくし〉は、他者を含んでる。ところが、大正に入るとだんだんラディカルになってくるんです。〈わたくし〉が縮まってくる。〈わたくし〉であるのだから、〈わたくし〉のことを知っていそうだけど、余計〈わたくし〉のことを知らないという矛盾。この〈わたくし〉と〈わたくし〉の背反が面白い。それを一番ラディカルにやったのが、嘉村礒多なんじゃないかしら。

ところが、私小説はそういうものばかりではありません。主流になるのは、予定調和的な私小説で、これが問題だと思うのです。私小説は常に矛盾をはらんだものなのだから、その筋を追求していけばよかったのに、そうはならなかった。志賀直哉を予定調和の私小説とは私は言いませんが、世間はそう取った。それで、志賀直哉が「文学の神様」になり、その方向性が文学の主流になってしまった。

大江 この世界の人間のやることで、いかなる分野においてもとまではいいませんが、僕らのやってる仕事で「神様」というべき存在はいない、と僕は考えてます。そうじゃないですか（笑）。もちろん、志賀直哉の小説は、ほかにない独特さを持ちますが……。

古井 そうです。志賀直哉の作品自体は、実際に読むととても予定調和などではなく、ゴツゴツしたものです。

大江 ゴツゴツした主題、人物、その散文の形式も破綻《はたん》に無縁じゃない。そういう危ういところに踏み込んで仕上げている。破綻に満ちた、わけのわからない野蛮なところも抱え込んでいる人間がそのまま〈私〉を書き上げてひるまない、それが独特だと思う。

古井 それこそ志賀直哉の書いたものこそ鬱陶しいんじゃないでしょうか。いい作品ほど重ったるくて、読むと頭が痛くなる。

大江 志賀直哉のいる一方に谷崎潤一郎がいたと考えると、日本文学の特別な豊かさは明瞭《めいりょう》です。

古井　大きく文学の流れを見ていくと、コロキアル（口語）の方向に時が流れたとき、しゃべるように書くのが流行《はや》ったときにはかえって多様性が失われるようです。

大江　ええ。一箇の人間がしゃべるようにそのまま書くことで多様性が生まれるものではないですね。ただそれが文学の原初の形態ではあって、どの作家でも一人称かその置きかえによって成果をあげることが一作だけは可能です。例えば二葉亭四迷にも『平凡』がある。しかしそれは当人にもそのまま繰り返しうるものではない。他の人間のやれることではない。一人称でもいちいちが独特であることで日本文学は多様性を生み出してきたんじゃないですか。この歴史の中で古井由吉という作家はさらに一人称で書いても、決して私小説ではない。あくまでも意識的に組み立てた語り口が幾つもあり、それらの複雑さが独特だと思います。

古井　〈わたくし〉というのをあの硬い漢字の〈私〉でやりましたから。〈私〉のほうが他者は入るんです。自分を相対化して、大勢の中に放り出すことができる。それを〈わたし〉や〈ぼく〉と書くとずいぶん〈わたくし〉が縮まってしまう。

大江　〈わたくし〉という主格で長い間それぞれ独自な小説を書き続けるには、一生の企てが必要です。偶然に〈わたくし〉は発生しない。その書き手に積み重ねが必要です。自然にじゃなく、よく考えて工夫して〈わたくし〉という主格の小説を書き続けうるところへ自分を押し出して、〈わたくし〉の小説が出来上がるんです。

古井　とことんまでやると、嘉村礒多みたいに〈わたくし〉の破綻が出てきて、これがまた迫力を呼ぶのだと思いますが……。

大江　本来、野放図ではない人で、よく準備してしっかり小説を書いて、なお破綻が生じる人。

古井　福田《ふくだ》恆存《つねあり》が「彼はみごとに私小説の歴史に終止符をうつたのである」と嘉村礒多を評していますが、まさしくそのとおりです。私小説の核とされている自我を、罪業感や悔恨の念によって壊してしまう。私小説の一番きわどいところではないでしょうか。

私小説作家T・S・エリオット

大江　ところで僕は、〈わたくし〉で書いて世界文学で一番優れている作家は散文の小説家じゃなくて、詩人のT・S・エリオットだと考えています。

特に晩年の *Four Quartets*『四つの四重奏曲』は、〈わたくし〉の自己表現が、時代や社会をスッポリ包み込んだ特別な作品です。

エリオットは、『J・アルフレッド・プルーフロックの恋歌』から『荒地』までは、まだ〈わたくし〉じゃない。英語ではいずれも〈I〉ですが日本語でいうならば、〈ぼく〉です。若者〈ぼく〉が、朝目が覚めて、どのように街を歩いてゆくかを書いたのが、エリオットの最初の大きな作品で傑作ですが、〈わたくし〉で書かれているとはいえない。それが *Four Quartets* に至って、その〈I〉はまさにかれ独自の〈わたくし〉となり、彼の文学は完成する。僕がそう言うと、エリオットの専門家から *Four Quartets* は私小説ではないとセセラ笑われますけど、ずっとこの考えを変えたことはありません。

古井　そうですか。

大江　第二次世界大戦中、ドイツがロンドンを爆撃していた時期に、エリオットは街の自分たちの区画の防衛隊員に志願した。爆撃があるあいだ街を警備していました。その体験に立って、*Four Quartets* の“Little Gidding”という一篇に素晴らしい場面を書いています。

〈わたくし〉としか呼びようがない男がロンドンの街角にいる。男は夜じゅう寝ずの番をしていたが、爆撃が終わって、飛行機がドイツに帰って行ったので、自分も家に帰ろうとまだ暗い街角を歩いている。洋服の袖《そで》にロンドンの街が焼けた灰がかかってる。

男がそのまま歩いて行くと、向こうから暗い中をやって来る人物がいて、こちらも向こうもお互い〈わたくし〉を認識する。自分はその人間を知っているのか知らないのかよくわからないけれども、確実な一人の人間の〈わたくし〉を発見して一緒に歩いて行く。その人間の〈わたくし〉がこちらの〈わたくし〉に話し始める。

その見事な語りを要約することはできなくて、実際に読んでいただくほかないんですが……。

古井　よくわかります。そういう作品だと、〈I〉と〈someone〉が合わさる。〈I〉でありどうかすると区別がつかなくなる。集合的な自我になっているはずなんですよ。〈I〉であり〈someone〉である、この境地こそが私小説なんじゃないかしら。

大江　まさに〈I〉であり〈someone〉です。

もう自分の小説は終ったらしいというのは先に申しあげた通りなんですが、眠れない折などあと二、三年生きることになるとすると、その間、小説を書かないで毎日の時間を過ごせるものかと、不安が湧《わ》いて来ることがあります。

古井　禁断症状というやつですね。

大江　本当にそれへの惧《おそ》れだなあ。

古井　僕も連作を終えて、しばらく休もうか悩むとき、よく考えるのです。休むのもいいが、そのときの禁断症状は激しかろうと。これに耐えられるかどうか。

大江　現に今、僕の心の状態は不安定です。眠れない。実は新聞の広告に使う千字の文章を書けと頼まれ、この三日間、朝から晩まで原稿用紙に向かっているのですが、まだ完成しない。それだけ今の自分は文章を書く人間として衰えてるんです。

いっそのこと、もう一つだけ自分に小説が書けるとすれば、その禁断症状もなんとかできるだろうという気持ちもあります。そこで、禁断症状における夢想ということにすぎないのですが、実際に、こういうことも思ったりします。自分がまだ小説を書くのだったら、〈わたくし〉が出てくる小説を書こう。〈ぼく〉でも〈わたし〉でもない、〈わたくし〉で小説を書きたい。古井さんはもう〈わたくし〉に到達されて、今の連作を書かれていると思いますが。

古井　いや、そうではありません。僕もまだまだ〈わたくし〉を求めてるほうです。ドイツの小説家ハンス・ノサックがハンブルクの大空襲を描いた作品にこんな場面がありります。地下に避難してる人間たちがいる。上はもうあたり一面に燃えてる。誰か一人が「こんなとこにいたら死ぬ。蒸し焼きになる。俺について来い」と言い出す。裏のほうに通路があって、これも危ない脱出口だが、〈わたくし〉はついていく。表へ出ると、激しく燃えてるが、その先導者は「いや、たいしたことない」と言って突っ込んでいく。〈わたくし〉も助かる。ところがあとで考えると、先導者が誰かわからない。この世のものではなかったかもしれない。あるいはひょっとして自分ではないかという疑いもほのめく。そういう境での〈わたくし〉を書いていて見事なのです。

大江　その〈わたくし〉をあなたは確実に書かれると思うな。

古井　どうでしょう。僕も前のめりに生きてますから。いつかくつろいで書けるかなと思うけど、そうくつろいで書くことがあるかどうか、やはり疑問なんです。

大江　僕も最初に書いた短篇に続いて一年ほど注文の続くまま幾つかを書いた後、思ってみればくつろいで小説を書いたことはありません。

古井　最近考えてるのは、随想と小説は決定的に違うものかどうかなんです。随想のように書いたものが小説になることはありえないか。モンテーニュの随想を読んでも、どこか小説めいたところがあるし、そういう総合的な小説もありうるのかなと考えもする。もちろん、随想だといっても、くつろいでは書けませんが。

大江 見かけは短文だし小説でないが、そこに表現されてるのは明らかにその人の〈わたくし〉でありつつ、社会とも時代とも関わった大きいものだ、という作品にたまにめぐり会うことがあります。

古井 自分の作品を三つ選べと言われたら、ひょっとして、随想しか選ばないんじゃないかと思います。読み返すと、随想のほうがスケールが大きい小説に読める。

大江 スケールが大きいというのは、表現の空間が大きいということですか。

古井 そうです。延々としたものを書きたい気がするんです。下手にまとめないで、どこまでも続くものを書きたい。

大江 僕が学生の頃に出会って、今も一番スケールの大きい表現だと考えてるのは、ウィリアム・ブレイクの、"Prophecy" 預言詩です。書誌学者ジェフリ・ケインズがブレイクの書いたものを全部集めた一冊 *Blake Complete Writings* (Oxford University Press) を作っていて千ページたらずですから、そんなに作品の多い人ではないし、面白いかというとこの形容詞は当てはまらない。しかし、僕は自分の人生の大部分はそこにあった、という気がします。

古井 自分の尊敬する詩人や文学者たちの年代記を延々と書いていたいという気もするし、そういう仕事をしている人をうらやましいと思います。

大江　ジェフリ・ケインズとブレイクのような二人組も入りますか。

古井　ええ。ひょっとして、あとの時代に送り越すのはそういう作品じゃないかとも考えるのです。

大江　そういう人たちがいてそれぞれたいてい大きい詩人を担っているんですが、自分がこの年になって思うのは今フランスやアメリカにはそういう人たちがいなくて、イギリスに何組か見つかる、ということです。

古井　近代化があまねく進んでしまった国では難しいのではないでしょうか。どこかでそれが淀《よど》んだ国でこそ詩人がうまれるのかもしれません。

大江　イギリスよりずっと小さい国に、僕らの知らないこういう何組かが潜んでいるかもしれません。

古井　詩人だけでなく、一作二作、優れた作品を書いて、あとは書かなくなった小説家が世界に無数にいるはずなんです。そういう作品でアンソロジーを作ったら、「今の作家、何してんだ」と言われるんじゃないでしょうか。作家の初期の作品だけを集めたアンソロジーや、最後の作品だけを集めたアンソロジーも読んでみたいものです。

〈わたくし〉離れ

古井　こうやって話をしてると、それなりに〈わたくし〉離れができるんでありがたいです。〈わたくし〉、〈わたくし〉と追い詰められると、口が利《き》けなくなりますから。

大江　ああ、そうです。今日あなたと話をしてると、『四つの四重奏曲』について考えてきたことを一瞬で表現し直してくださった。

古井　すると、その瞬間が唯一の瞬間のようになる。

大江　小説家というのはいい職業だったと思います。極端に言えばとにかく本を読んでれば、そしてそのことを話しているとなんとかなるという職業でした（笑）。

古井　で、本を読むだけじゃ職業にならないから小説を書いている（笑）。

大江　そして、結局は自分が小説を書くほか何もできない人間であったこともわかって来ています。今日もここへ来る途中、道路工事中の場所を横切ったら、踏み出した瞬間にひっくり返りました。道路の表層十五センチほどを剝《は》がして、そこをやり直す工事だったのですが、色が同じで新旧の高低差を見てとれなかった。責任者が飛んできて元気なのに安心したか、おじいさん、ほとんど完璧《かんぺき》に転んだねえ、と感心してくれた(笑)。

古井 ストンと倒れたほうが下手な受け身をしないから、怪我《けが》することが少ないそうですよ。酔っぱらいが転んであまり怪我しないのはそういうことですって。

大江 酒の代わりに僕はエリオットの一行に酔ってました(笑)。そういう転倒が最近三回ほど起きたので、僕の老年についての端的な認識は、よく倒れる人間となった、しかも完璧な転び方に近いらしい、というものです(笑)。

今日はありがとうございました。

古井 どうもありがとうございました。こういう話をしておけば、この年寄りたちがどういう料簡《りょうけん》でいるのか若い人たちも多少はわかってくれるでしょう。

(「新潮」二〇一五年三月号)

漱石１００年後の小説家

夏目漱石で三冊挙げると

古井　今回の公開対談の「漱石100年後の小説家」というタイトルは、「こころ」や「道草」「明暗」から約百年ということで付けました。「漱石100年後」というと遠い昔のようですが、大江さんはもう八十歳になられ、私も間もなく八十歳です。つまりは漱石が亡《な》くなって約二十年で私たちは生れている。そう考えると、夏目漱石という人は遠いようでいて、かなり近い作家だという気もしてくるんです。

大江　若い私は、実は夏目漱石という作家を「坊っちゃん」「三四郎」を除けば読んでませんでした。熱中して読むようになったのは、三十代半ばから四十代にかけてです。そのとき、漱石について手がかりになる文章を書いていられる同年代の作家として、古井由吉を意識しました。古井さんとはもう五度も対談してますが、いま初めて漱石について本格的に話すことになって嬉《うれ》しい。古井さんが漱石を読み始めたのはいつごろ?

古井　私は、漱石の作品に、目からではなく耳から入りました。おそらく昭和二五年、小学校六年生か中学生になったばかりのころ、ＮＨＫの和田信賢という名アナウンサーが、ラジオで「こころ」の朗読をしたんです。まだ一作も読んでませんでしたが、何とも言えない名調子だと思ったのを覚えています。

漱石はずいぶん晦渋《かいじゅう》な作家だと思われがちですが、音から入るとなかなかの名調子です。子供の耳にすんなり入ってくる。はじめに聞いたときから懐《なつ》かしい。のちになって自分が小説家になり、小説には内容もあるけど、音律や口調というものがあると わかってきました。もちろん、戦後の作家としては、なかなか漱石のような名調子で書くというわけにもいかない事情はあるんですが、はじめに漱石の文章を聞いたときの感触はいまだに消えません。

近年、年を取れば取るほど、意味と音律の関係への関心が出てきているので、「漱石１００年後」の作家として大江さんと対談をするのは、何か深い因縁があることと思います。

大江　いまのお話を聞くと、やはり古井さんは東京という大都市の子どもだという感じがします。私は田舎の子どもで、周りに文学について話す人はいなかった。ほとんど偶然のようにして本を読むようになった。そしてひとりで入り込んだ不思議な人間なんです。

だから、私の文学理解の出発点が偏《かたよ》っていることは、うすうす意識してきましたが、いまのお話を聞いてみると私には子どもの頃に文学を耳で聞いて面白いと思った、という体験はありません。静かにしていないと母親に叱《しか》られる家だったので、本はひとりで黙読していました。小説を声に出しては読まなかったし、それについて人と話した記憶もない。小説がラジオで朗読されるのにたまたま接したとしても、それに熱中するのはやはり特別なことです。ずっと文庫本を、大人に見られないように、隠すようにして読むというのが文学への入り方でした。

その結果、小説の文章を、正しいアクセントやら文章の勢いやらで受け止めることが、私にはほとんどなかったのではないか。まず耳で聴いた古井さんに対して、自分の文学受容の基本的な欠落を感じます（笑）。最初から悪文と言われて来た、そもそもの理由がわかったような気がします。

古井　いやいや（笑）。

大江　振り返ってみると、私には、やがて伊丹十三という俳優になる池内君という友達に高校で会うまで文学の話相手がいなかった。池内君は京都から転校してきて、私も隣町の高校から転校せざるをえない事情があって、同時に松山東高校に入りました。私は友達がいませんでしたし、池内君は、本来友達も先生も眼中にないという、独立した少年でした。

その二人が不思議なことに友達になった。毎朝、学校へ行くと、待ち合わせたふうに一緒に行動する。そして、初めて私は、「あ、ここに、話を聞いて面白いと思う人間がいるんだ。それが普通の付き合いであって、自分の生活は片寄ったものだったんだ」と気づいたんです。

かれのヒントもあって大学のフランス文学科に入ったのですが、やはり独学タイプなんです。田舎の子どもですから、フランス人と話したことなどない。東京には、アテネフランセや日仏学院のようなネイティヴのフランス人の授業がある学校もあったんですが、そういう付き合いも人見知りが強くてしません。ただ、フランス語の本を声は出さずに、意味だけ字引を引いて読んでました。

古井　なるほど。

大江　漱石について言うと、私の高校のある松山市の人たちは「坊っちゃん」が松山の学生生活を描いていることを誇りにしているようだった。ところが実際に読んでみると、「坊っちゃん」は、東京の人間が松山の人間を馬鹿《ばか》にしている小説に思えた。それがあって、私は、漱石に好意を持たなかったんです。小説家なのに漱石をほとんど読んでないと言ったら笑われますから、読んでないことは黙ってたのですが、三十代半ばになって漱石の作品をまとめて読んで、この人は偉大な作家だと発見しました。

その頃、古井さんはすでに岩波文庫で「こころ」の解説を書かれていて、私はそれに感銘しました。あるとき、古井さんと同席することがあって、もう覚えていられないと思いますが、そのとき私は、漱石について質問したんです。「古井さん、夏目漱石で三冊挙げるとすると、どの作品が良いでしょうか」と初歩的な質問を。古井さんは当然、答えられませんでした（笑）。

古井　そうでしたか、失礼しました（笑）。

大江　漱石を意識して読むようになって、二、三冊目に読んだのが「虞美人草《ぐびじんそう》」だったのですが、これがすばらしい作品でした。それから漱石の小説を夢中で読むことになった。今でも私が漱石の作品で挙げる三作はこうなんです。書かれた年代順に、「虞美人草」、「こころ」、「明暗」となります。小説家として生活を始めて六十年近く経《た》ってみると、夏目漱石という人が「虞美人草」を書き、「こころ」を経て、ついに

「明暗」に至ったという流れはよくわかる。それは小説家の自己形成の理想的なものだろうと思います。日本だけじゃなしに世界規模でいっても、これら三作を書いた作家として漱石は偉大です。

ところで古井さんは「虞美人草」について、何かお書きになったことがありましたかね。

古井 十数年前になりますが、「新潮」で高橋源一郎さんと「虞美人草」のことをひたすら話した対談があります（「文学の成熟曲線」二〇〇三年四月号）。なんで、二人が「虞美人草」を絶賛するのかと、人は首をかしげたようです。

二人で意見が一致したのは、「虞美人草」が、文語文から口語文に移る大事な曲り角の頃に書かれたことです。「虞美人草」は、文語文仕立てで、文語文にふさわしい内容がある。次に「三四郎」を書くときは、ああいうパトスがだいぶ薄れてくる。

「虞美人草」は、決してうまい小説じゃないですし、現代人から見れば滑稽なところもあるけれど、これだけパトスが溢《あふ》れている小説は今どき大事だと意見が合いました。

大江 なるほど、いい組み合わせの対談だなあ。

古井 ところで、漱石について思い出すのは、僕が作家になってから大学の恩師のお宅を訪ねたら、「漱石って人は、往々にして荒っぽい文章を書く。それに、ずいぶん詰屈した晦渋なことも書く。だからあなたも心配することない」と言われたことです。おそらく私が自分の文章のことで悩んでいると思われたんでしょう。昔、ある場で、スピーチをさせられた。時間がないから三分で済ませてくれと。立ち上がって、「私は難解な作家と言われていますが、自分では明快と思っております」。見ると、そこに大江さんがいた。「大江さんに負けず劣らず」と言ったら、みんなが大笑いした（笑）。

つまり、戦後の作家、とくに私たちの世代は、自分の文章を悪文と感じる癖が抜けないんですよ。つい先人と比べるところがあるんでしょう。私は途中から居直るように、ああいう文章を書いてます。「悪」という文字には「激しい」という意味もありますし……。

ただ、「虞美人草」のようなパトスの盛り方で日本の近代文学が進んできたら、またずいぶん違っただろうなと思ってます。

「真面目《まじめ》の力」

古井　ちなみに、私の漱石の三作は、「こころ」、「草枕」、「道草」の三作です。もう一つ加えるなら、「夢十夜」。もう一つといったら、「硝子戸《ガラスど》の中」。「草枕」の語り口がなんとか聞こえるようになったのは、だいぶ年がいってからです。「道草」は、自然主義風な、陰気くさい内容なんだけど、人の一生の時間のありようがとてもよくできている。ところどころ、かなり美しく文章が流れる。文章の詰屈するところは、おそらく、漱石自身の過去の時間がよじれていた部分でしょうが、そういう感触も伝わってくる。とくに結末の、「世の中に片付くなんてものは殆《ほと》んどありゃしない」という言葉を、ずっと嚙《か》みしめてます。

「こころ」に関しては、子どもの頃にラジオで聴いて懐かしいということもあるけれど、だいぶ後年になってから岩波文庫の解説を書くために、読み返してみて、今さら「真面目」という言葉が目にしみたんですよ。「真面目」って近頃はもう、揶揄《やゆ》、からかい半分に言うことが多いですが、「こころ」の「真面目」には張り詰めた透明さを感じました。

それから、人が人を慕うこと。「こころ」では、青年が先生を慕いますが、あれは先生といっても、教わったことがあるわけではないんですよね。たまたま出会った人物を先生として慕っているのです。明治という時代にはそういう力があったんだなと思いました。あるいは、文学の根源は案外人が人を慕うことにあるのかもしれない。男女とは限りません。人が人を慕わなくなれば、続いて文学も衰えてくるんじゃないでしょうか。

大江　私は、古井さんの書かれた「こころ」解説が好きなんです。特に最後の段落。「無用の先入観を読者に押しつけることになってもいけないので、この辺で筆を置くことにして、最後に、これほどまでに凄惨《せいさん》な内容を持つ物語がどうしてこのような、人の耳に懐かしいような口調で語られるのだろう。むしろ乾いた文章であるはずなのに、悲哀の情の纏綿《てんめん》たる感じすらともなう。挽歌《ばんか》の語り口ではないか、と解説者は思っている。おそらく、近代人の孤立のきわみから、おのれを自決に追いこむだけの、真面目の力をまだのこしていた世代への。」

「真面目の力」が、夏目漱石から古井由吉を結ぶ、本質的なものです。そして、私が古井さんの文学観にずっと惹《ひ》かれて来たのは、文学の根本に真面目さを据える生き方をしてこられた古井さんに共感するからです。

私はもう八十歳ですから、六十年以上、本を読んできました。何のためにひたすら本を読んできたのかというと、人間の「真面目の力」ということだと思います。この百年ほどの文明が私らの生活を追い詰めてくるなか自分を省みて、本当に真面目な態度を文学に対して持ってきたか、あるいは現代の社会に対して持っているかと自分に問うことがあります。

「こころ」のみならず、漱石は自決、自殺する人間を何種類も書いている。私はそれがとても大切なことなんじゃないかと思うんです。漱石は、自殺してしまわざるをえないところに追い込まれていく人間を、深い共感を秘めながら追いかけていた代表的な小説家、というのが私の印象なんです。

古井　ええ。

大江　「おのれを自決に追いこむだけの、真面目の力」。ここで皆さんに注意していただきたいのは、いろんな条件、出来事があって人は自殺すると漱石は書いているわけではありません。「真面目の力」が人間をどのように導き、追い詰めるか、その結果、自殺にいたらしめさえすることがある、と書いているのです。

　だから、近代・現代人の自殺を文学の主題にした作家はたくさんいますが、漱石の場合はそれとは違います。なのに、何度も漱石の小説の主人公は自殺するのですから、そこに近代化以後百年の日本人の問題が明瞭《めいりょう》に表れていると思うのです。この百年間に、日本人は「真面目の力」を発見し、それを失ってきたのでしょう。

　何かを真面目に追究することによって主人公を幾人も自殺させて小説を終える小説

家が漱石のほかにいるでしょうか。世界的に見てもどうでしょうか。ここに、漱石をとくに若い人たちに読んでもらいたいと私が思う理由があります。人間が社会に対してどう対するか、社会をどう作り変えようと思うか、そこで何が一番大切なことかと考えて、漱石は「真面目の力」だとしたのではないか。それが人間の根本の原理だと考え、いくつかの小説で自殺という事態を描いたのではないか。

「虞美人草」に、藤尾という美しい女性が出てきます。私は、この小説は女性の美しさを正面から描いた小説だと思いますが、藤尾が出てくる最後の章に、「呆然《ぼうぜん》として立った藤尾の顔は急に筋肉が働かなくなった。手が硬くなった。足が硬くなった。中心を失った石像の様に椅子《いす》を蹴返《けかえ》して、床の上に倒れた。」とあります。突然、人と話していて、気を失うようにして倒れるということしか書かれていませんが、私は、ここで藤尾は自殺したんだと考えているのです。その点は、古井さんはどう思いますでしょうか。

古井　はい、私もそう考えています。

大江　すると、「虞美人草」の頃から漱石は「真面目の力」について、そしてその結果としての自殺について考えていたということになります。「真面目の力」は漱石の生涯の一番の主題ではないでしょうか。

古井さんにとっては漱石の「真面目の力」とはどういうものなんでしょう？　少し説明していただけますか。

古井　漱石の「こころ」の中で、己の真面目さに追い詰められて自殺したのは「K」という人物だけど、それでは、その相手の「先生」が当時、安泰だったのかどうか。読むと、この人も相当危ない。何がきっかけで「K」のような運命に追い込まれるかわからない。それを、「K」と「先生」は相互に感じている。シーソーゲームのように、「K」に生きる欲求が強いと、もう一人の「先生」のほうは沈む。その逆もしかりです。

とうとう「先生」のほうが、「K」には黙ってお嬢さんに先に求婚してしまいます。母親が承知したので、すがすがしい気持ちになって散歩に出ますが、そのとき、「先生」は「K」のことをまったく忘れてるんです。生きる欲求に囚《とら》われたあまり、「K」のことをしばらく思い出さない。「K」もお嬢さんに気持ちが傾いてることも、自分が求婚してしまったら、「K」は危ないことも知っているのに、すっかり忘れていた。それが、「K」の自決のあとで一番、「先生」にとって悔やまれたことだったはずです。

真面目さには、自決に人を追い込む真面目さもあるけれど、逆に、際《きわ》どいところで生きる欲求に走る、そういう真面目さもある。生きる欲求が当たり前ではなく、やはりどこかで強い意志を要請する時代のものだと思います。それがどれぐらい現代の文学の底流として残っているかを考えました。

大江　皆さん、一つの問題にこだわり過ぎているとお感じになるかと思うんですが、この「真面目の力」は、漱石の生涯の主題であり、そして、日本の近代文学百年の主題であり、さらに現在もわれわれの主題なんです。それが日本文学というものです。今も文学の主題として一番切実な問題を漱石は、それだけを追いかけるようにして書いて五十歳近くで死んだのです。

　話が飛びますが、私は二日前まで沖縄の辺野古《へのこ》に行っておりました。今、アジアで最も大きい新しい米軍基地が作り上げられようとしている場所です。もし辺野古で核兵器が扱われ、そこで操作上の間違いが起これば、世界全体が滅びるような危機を迎えるわけです。核兵器を他国が攻撃することはもうないかもしれない。それでも、事故によって核兵器が爆発してしまうということは起こりうる。そうしたら沖縄全体が壊滅します。

　このような大きい危機感と一緒に私たち人間が生きてきた時代が、これまであっただろうかと向こうで考えたのですが、古井さんはそういう危機感をどうお考えになりますか。

古井　世界の中には何箇所も、核をコントロールする場所があるはずなんです。もちろん、最新のコンピュータを駆使はしている。けれども、最終的には人間がこれを見守っている。一番恐れるのは、誤認ですよね。四六時中、刻々と見張ってなくてはならない。この緊張に人は耐えられるか。そういう緊張を、今の時代の人間は少しずつ分有してるわけですよ。その中で文学をやるゆとりがあるだろうか。人間の内実からだんだん疎《うと》くなる恐れがあるのではないか、そう感じています。

人間が始めたものだから

古井　ところで、漱石をはじめとした、明治の文学の生真面目さは、やがて私小説のほうに赴くんです。本当に厳しく真面目に書けるのは自分のことだ。告白が真の文学だ。そういう考えが、自然主義の勃興期《ぼっこうき》から始まり、大正時代の私小説につながる。
ところが、そこには、大きな矛盾があります。自分のことは自分が一番よく知っている、というのが私小説の出発点でしょう？　しかし、自分のことこそ自分でわからない、ということもある。さらに、書き表す自分と、書き表される自分との分離。これを突き詰めると、難しい認識論、自己認識論に至ります。
私小説も破綻《はたん》寸前のところまで来て、その寸前のところでいい小説が出来ているのは確かなんだけど、そこでまた行き詰る。自分とは何か、自分とは自分一人のことか。集合的自我のようなものなのか。下手をすると、書く側も読む側も匙《さじ》を投げかねない。
大江　ええ、日本文学の原形として国民作家・漱石がいて、そのテーマをどうしても突破できないところになお日本人はいるんじゃないかという気がします。結局、私たちが今議論してきたことは、すべて漱石の小説の中に読み取ることのできるものですよ。いわば、日本の近代文学百年を通しての大きい問題を、最初からこだわって追究し続けたのが、夏目漱石の最後の十年間ではないでしょうか。
だから、漱石が提出している問題を解きながら生きていかないと、私たちの今の危機は乗り越えられない。どうも今、日本の近代化は根本的な行き詰まりを迎えています。しかし、それが突破できないとは私は考えていません。人間が幾世代にわたって連続して考えれば、どんな困難な事態も乗り越えられるし、現に私たちは今までずっとそうやってやってきました。
古井　はい。
大江　私は、決して希望を失っていません。私はいろんな友達に恵まれて生きてきましたが、考えてみると、もう自分を根本的に支えてきてくれた友達の大方は亡くなってしまいました。そして、私はなんとなく、自分が学んだものを後に残る人たちに伝えるのが、自分の最後の仕事だと思っています。

私の長年の友人で、同い年の文学思想家であったエドワード・サイードというアメリカの文学者がいます。彼は十二年前に白血病で亡くなりました。彼が書き残したものをまとめた最後の一冊『晩年のスタイル』に、私たちが今の文化の行き詰まりを乗り越えていくことのできる希望の兆候が書いてあるかといえば、そうとは言えません。彼は現代をとても暗い状況だと捉《とら》えていたし、それを乗り越えられるとは言わなかった。

ところが、サイードにはお嬢さんがいるのですが、晩年、サイードが自分で手紙を書けなくなってから、彼女が代わりに手紙をくれたんです。その手紙を私は大切にしておりますけども、そこで彼女は、「とても苦しい状況だということを父親のエドワード・サイードは常に認識していたし、それを語ってもいた。しかし、彼には同時に根本的な楽観主義というほかないものがあった」と書くんです。「最後は彼は楽観的だった、この窮地を乗り越えることができると信じていた。それが彼の作品を読み返すごとに蘇《よみがえ》ってくる」と。それを思い出すたびに私は勇気づけられます。

今、私が、自分の書くものに具体的な希望の兆候を表現できなくても、進んでいけば私たちは乗り越えることができる。突破することができる。なぜなら、これは人間が始めたことだから。辺野古にいたときも思いました、これは人間が始めたことなのだから、ここには希望があるに違いない。それを若い人たちに伝えるということが、私たちがやる文学の仕事なのだと思うんです。

古井 ええ。

大江 そして、日本文学で、今でも一番大きい希望を私たちに感じ取らせる作家が夏目漱石です。それは夏目漱石が偉大な作家だからでもありますが、それと同時に、近代化の百年がそういう時代であったのです。私たちは小説と共にこの近代化の百年を把握した。そこで新しい未来を発見しようとして生きてきた。漱石は死にましたが、私たちはなお、漱石が始めた百年前の問題を持ち続けている。今現在がどんなに苦しい状態にあっても、これが解決しないはずはない。この向こうに抜けられないはずはない。ともかくそれは人間が始めたものなんだから。

古井 漱石の小説には、円満に解決した小説はほとんどないんです。岩場に根を下ろした松が曲がりくねった枝を伸ばした途中で、風か雪でぽっきり折れる、という終わり方をしている。だから、いわゆる古典、クラシックではないんですよ。終わり方が、後世への申し送りなんですね、そういうふうに読んだほうがすんなりと入ってくるんじゃないかと思ってます。

大江　この百年、日本人は戦争を起こすという過《あやま》ちを繰り返しました。原爆を受けるようなことも経験せざるを得ませんでした。そのことを考えても私はこの明治以来の百年には、人間の歴史としての意味が確実に刻まれていると思います。それが文学の側からいえば、夏目漱石という一人の巨大な作家に現れている。改めて次の十年、次の百年ということを考えるうえで、漱石は今も私たちの導き手であるということをお話しして、今日の結論とします。

（2015・6・29　紀伊國屋サザンシアターにて収録）

（「新潮」二〇一五年十月号）

この作品は二〇一五年四月新潮社より刊行された単行本に最終章「漱石１００年後の小説家」（『新潮』二〇一五年十月号）を増補した。

大江健三郎著

死者の奢り・飼育

芥川賞受賞

黒人兵と寒村の子供たちとの惨劇を描く「飼育」等6編。豊饒なイメージを駆使して、閉ざされた状況下の生を追究した初期作品集。

大江健三郎著

われらの時代

遍在する自殺の機会に見張られながら生きてゆかざるをえない〝われらの時代〟。若者の性を通して閉塞状況の打破を模索した野心作。

大江健三郎著

芽むしり仔撃ち

疫病の流行する山村に閉じこめられた非行少年たちの愛と友情にみちた共生感とその挫折。綿密な設定と新鮮なイメージで描かれた傑作。

大江健三郎著

性的人間

青年の性の渇望と行動を大胆に描いて波紋を投じた「性的人間」、政治少年の行動と心理を描いた「セヴンティーン」など問題作3編。

大江健三郎著

空の怪物アグイー

六〇年安保以後の不安な状況を背景に〝現代の恐怖と狂気〟を描く表題作ほか「不満足」「スパルタ教育」「敬老週間」「犬の世界」など。

大江健三郎著

見るまえに跳べ

処女作「奇妙な仕事」から3年後の「下降生活者」まで、時代の旗手としての名声と悪評の中で、充実した歩みを始めた時期の秀作10編。

大江健三郎著

われらの狂気を生き延びる道を教えよ

おそいくる時代の狂気と、自分の内部からあらわれてくる狂気にとらわれながら、核時代を生き延びる人間の絶望感と解放の道を描く。

大江健三郎著

個人的な体験

新潮社文学賞受賞

奇形に生れたわが子の死を願う青年の魂の遍歴と、絶望と背徳の日々。狂気の淵に瀕した現代人に再生の希望はあるのか？　力作長編。

大江健三郎著

ピンチランナー調書

地球の危機を救うべく「宇宙？」から派遣されたピンチランナー二人組！　内ゲバ殺人から右翼パトロンまでをユーモラスに描く快作。

大江健三郎著

同時代ゲーム

四国の山奥に創建された《村＝国家＝小宇宙》が、大日本帝国と全面戦争に突入した!?　特異な構想力が産んだ現代文学の収穫。

大江健三郎著

「雨の木《レイン・ツリー》」を聴く女たち

荒涼たる世界と人間の魂に水滴をそそぐ「雨の木」のイメージに重ねて、危機にある男女の生き死にを描いた著者会心の連作小説集。

大江健三郎著

私という小説家の作り方

40年に及ぶ作家生活を経て、いまなお前進を続ける著者が、主要作品の創作過程と小説作法を詳細に語る「クリエイティヴな自伝」。

古井由吉著

杳《よう》子《こ》・妻《つま》隠《ごみ》

芥川賞受賞

神経を病む女子大生との山中での異様な出会いに始まる斬新な愛の物語「杳子」。若い夫婦の日常を通し生の深い感覚に分け入る「妻隠」。

古井由吉著

辻

生と死、自我と時空、あらゆる境を飛び越えて、古井文学がたどり着いたひとつの極点。濃密にして甘美な十二の連作短篇集。

岡本かの子著

老妓抄

明治以来の文学史上、屈指の名編と称された表題作をはじめ、いのちの不思議な情熱を追究した著者の円熟期の名作9編を収録する。

森鷗外著

青年

作家志望の小泉純一を主人公に、有名な作家、友人たち、美しい未亡人との交渉を通して、一人の青年の内面が成長していく過程を追う。

森鷗外著

ヰタ・セクスアリス

哲学者金井湛なる人物の性の歴史。六歳の時に見た絵草紙に始まり、悩み多き青年期を経ていく過程を冷静な科学者の目で淡々と記す。

森鷗外著

阿部一族・舞姫

許されぬ殉死に端を発する阿部一族の悲劇を通して、権威への反抗と自己救済をテーマとした歴史小説の傑作「阿部一族」など10編。

夏目漱石著

草枕

智に働けば角が立つ——思索にかられつつ山路を登りつめた青年画家の前に現われる謎の美女。絢爛たる文章で綴る漱石初期の名作。

夏目漱石著

虞《ぐ》美《び》人《じん》草《そう》

我執と虚栄に心おごる美女が、ついに一切を失って破局に向う悽愴な姿を描き、偽りの生き方が生む人間の堕落と悲劇を追う問題作。

夏目漱石著

こころ

親友を裏切って恋人を得たが、親友が自殺したために罪悪感に苦しみ、みずからも死を選ぶ、孤独な明治の知識人の内面を抉る秀作。

夏目漱石著

硝子戸の中

漱石山房から眺めた外界の様子は？　終日書斎の硝子戸の中に坐し、頭の動くまま気分の変るままに、静かに人生と社会を語る随想集。

夏目漱石著

道草

健三は、愛に飢えていながら率直に表現できず、妻のお住は、そんな夫を理解できない。近代知識人の矛盾にみちた生活と苦悩を描く。

夏目漱石著

明暗

妻と平凡な生活を送る津田は、かつて将来を誓い合った人妻清子を追って、温泉場を訪れた——。近代小説を代表する漱石未完の絶筆。

島崎藤村著

春

明治という新時代によって解放された若い魂が、様々な問題に直面しながら、新たな生き方を希求する姿を浮彫りにする最初の自伝小説。

島崎藤村著

破戒

明治時代、被差別部落出身という出生を明かした教師瀬川丑松を主人公に、周囲の理由なき偏見と人間の内面の闘いを描破する。

島崎藤村著

夜明け前

（第一部上・下、第二部上・下）

明治維新の理想に燃えた若き日から失意の中に狂死する晩年まで——著者の父をモデルに木曽・馬籠の本陣当主、青山半蔵の生涯を描く。

志賀直哉著

清兵衛と瓢箪・網走まで

瓢箪が好きでたまらない少年と、それを苦々しく思う父との対立を描いた「清兵衛と瓢箪」など、作家としての自我確立時の珠玉短編集。

志賀直哉著

小僧の神様・城の崎にて

円熟期の作品から厳選された短編集。交通事故の予後療養に赴いた折の実際の出来事を清澄な目で凝視した「城の崎にて」等18編。

志賀直哉著

暗夜行路

母の不義の子として生れ、今また妻の過ちにも苦しめられる時任謙作の苦悩を通して、運命を越えた意志で幸福を模索する姿を描く。

芥川龍之介著
戯作三昧・一塊《いっかい》の土
江戸末期に、市井にあって芸術至上主義を貫いた滝沢馬琴に、自己の思想や問題を託した「戯作三昧」、他に「枯野抄」等全13編を収録。

芥川龍之介著
羅生門・鼻
王朝の説話物語にあらわれる人間の心理に、近代的解釈を試みることによって己れのテーマを生かそうとした〝王朝もの〟第一集。

芥川龍之介著
奉教人の死
殉教者の心情や、東西の異質な文化の接触と融和に関心を抱いた著者が、近代日本文学に新しい分野を開拓した〝切支丹もの〟の作品集。

谷崎潤一郎著
春琴抄
盲目の三味線師匠春琴に仕える佐助は、春琴と同じ暗闇の世界に入り同じ芸の道にいそしむことを願って、針で自分の両眼を突く……。

谷崎潤一郎著
猫と庄造と二人のおんな
一匹の猫を溺愛する一人の男と、二人の若い女がくりひろげる痴態を通して、猫のために破滅していく人間の姿を諷刺をこめて描く。

谷崎潤一郎著
吉野《よしの》葛《くず》・盲目物語
大和の吉野を旅する男の言葉に、失われた古きものへの愛惜と、永遠の女性たる母への思慕を謳う「吉野葛」など、中期の代表作2編。

内田百閒著

百鬼園随筆

昭和の随筆ブームの先駆けとなった内田百閒の代表作。軽妙洒脱な味わいを持つ古典的名著が、読やすい新字新かな遣いで登場！

内田百閒著

第一阿房列車

「なんにも用事がないけれど、汽車に乗って大阪へ行って来ようと思う」。借金をして一等車に乗った百閒先生と弟子の珍道中。

堀辰雄著

風立ちぬ・美しい村

高原のサナトリウムに病を癒やす娘とその恋人の心理を描いて、時の流れのうちに人間の生死を見据えた「風立ちぬ」など中期傑作2編。

堀辰雄著

大和路・信濃路

旅の感動を率直に綴る「大和路」「信濃路」など、堀文学を理解するための重要な鍵であり、その思索と文学的成長を示すエッセイと小品。

井上靖著

敦（とんこう）煌

毎日芸術賞受賞

無数の宝典をその砂中に秘した辺境の要衝の町敦煌——西域に惹かれた一人の若者のあとを追いながら、中国の秘史を綴る歴史大作。

井上靖著

あすなろ物語

あすは檜になろうと念願しながら、永遠に檜にはなれない〝あすなろ〟の木に託して、幼年期から壮年までの感受性の劇を謳った長編。

井伏鱒二著
山《さん》椒《しょう》魚《うお》

大きくなりすぎて岩屋の棲家から永久に外へ出られなくなった山椒魚の狼狽をユーモア漂う筆で描く処女作「山椒魚」など初期作品12編。

井伏鱒二著
駅前旅館

昭和30年代初頭。東京は上野駅前の旅館を舞台に、番頭たちの奇妙な生態や団体客が巻き起こす珍騒動を描いた傑作ユーモア小説。

井伏鱒二著
黒い雨
野間文芸賞受賞

一瞬の閃光に街は焼けくずれ、放射能の雨の中を人々はさまよい歩く……罪なき広島市民が負った原爆の悲劇の実相を精緻に描く名作。

川端康成著
掌の小説

優れた抒情性と鋭く研ぎすまされた感覚で、独自な作風を形成した著者が、四十余年にわたって書き続けた「掌の小説」122編を収録。

川端康成著
山の音
野間文芸賞受賞

得体の知れない山の音を、死の予告のように怖れる老人を通して、日本の家がもつ重苦しさや悲しさ、家に住む人間の心の襞を捉える。

川端康成著
虹いくたび

建築家水原の三人の娘はそれぞれ母が違う。みやびやかな京風俗を背景に、琵琶湖の水面に浮ぶはかない虹のような三姉妹の愛を描く。

太宰治著

お伽《とぎ》草紙

昔話のユーモラスな口調の中に、人間宿命の深淵をとらえた表題作ほか「新釈諸国噺」「清貧譚」等5編。古典や民話に取材した作品集。

太宰治著

ヴィヨンの妻

新生への希望と、戦争の後も変らぬ現実への絶望感との間を揺れ動きながら、命をかけて新しい倫理を求めようとした文学的総決算。

三島由紀夫著

花ざかりの森・憂国

十六歳の時の処女作「花ざかりの森」以来、巧みな手法と完成されたスタイルを駆使して、確固たる世界を築いてきた著者の自選短編集。

円地文子著

女坂

野間文芸賞受賞

夫のために妾を探す妻——明治時代に全てを犠牲にして家に殉じ、真実の愛を知ることもなかった悲しい女の一生と怨念を描く長編。

大岡昇平著

武蔵野夫人

貞淑で古風な人妻道子と復員してきた従弟勉との間に芽生えた愛の悲劇——武蔵野を舞台にフランス心理小説の手法を試みた初期作品。

大岡昇平著

野火

読売文学賞受賞

野火の燃えひろがるフィリピンの原野をさまよう田村一等兵。極度の飢えと病魔と闘いながら生きのびた男の、異常な戦争体験を描く。

安部公房著

水中都市・デンドロカカリヤ

突然現れた父親と名のる男が奇怪な魚に生れ変り、何の変哲もなかった街が水中の世界に変ってゆく……。「水中都市」など初期作品集。

安部公房著

友達・棒になった男

平凡な男の部屋に闖入した奇妙な9人家族。どす黒い笑いの中から〝他者〟との関係を暴き出す「友達」など、代表的戯曲3編を収める。

吉行淳之介著

夕暮まで

野間文芸賞受賞

自分の人生と〝処女〟の扱いに戸惑う22歳の杉子に対して、中年男の佐々の怖れと好奇心が揺れる。二人の奇妙な肉体関係を描き出す。

色川武大著

百

川端康成文学賞受賞

百歳を前にして老耄の始まった元軍人の父親と、無頼の日々を過してきた私との異様な親子関係。急逝した著者の純文学遺作集。

開高健著

日本三文オペラ

大阪旧陸軍工廠跡に放置された莫大な鉄材に目をつけた泥棒集団「アパッチ族」の勇猛果敢な大攻撃！　雄大なスケールで描く快作。

開高健著

輝ける闇

毎日出版文化賞受賞

ヴェトナムの戦いを肌で感じた著者が、戦争の絶望と醜さ、孤独・不安・焦燥・徒労・死といった生の異相を果敢に凝視した問題作。

文学《ぶんがく》の淵《ふち》を渡《わた》る

新潮文庫　お－9－24

平成三十年一月一日発行

著者　大《おお》江《え》健《けん》三《ざぶ》郎《ろう》　古《ふる》井《い》由《よし》吉《きち》

発行者　佐藤隆信

発行所　株式会社　新潮社

郵便番号　一六二―八七一一
東京都新宿区矢来町七一
電話　編集部(〇三)三二六六―五四四〇
　　　読者係(〇三)三二六六―五一一一
http://www.shinchosha.co.jp

価格はカバーに表示してあります。

乱丁・落丁本は、ご面倒ですが小社読者係宛ご送付ください。送料小社負担にてお取替えいたします。

印刷・大日本印刷株式会社　製本・加藤製本株式会社

ISBN978-4-10-112624-1 C0195